모세를 읽으며 예수님을 보다
Reading Moses, Seeing Jesus

READING MOSES, SEEING JESUS
How the Torah Fulfills Its Purpose in Yeshua

All RIGHTS RESERVED.
No part of this publication may be reproduced or transmitted in any form or by any means, electronic or mechanical, including photocopying, recording, or any other information storage and retrieval system, without the written permission of ONE FOR ISRAEL Ministry. Unless otherwise indicated, all Bible quotations are from the ESV Bible (The Holy Bible, English Standard Version), copyright © 2001 by Crossway, a publishing ministry of Good News Publishers. Used by permission. All rights reserved.

Published by ONE FOR ISRAEL Ministry

Copyright © 2017
Seth D. Postell, Eitan Bar, Erez Soref, and Michelle Shelfer

Copyright © 2020 in Korean by Eastwind.
All rights reserved.

모세를 읽으며
예수님을 보다

셋 D. 포스텔, 에이탄 바르, 에레즈 쪼레프 저

/ 김진섭 역

READING MOSES SEEING JESUS
by Seth D. Postell, Eitan Bar, Erez Soref

Eastwind
이스트윈드

"율법과 메시아를 믿는 사람들에 관한 논의는 예수님이 오신 이후로 계속 논의된 주제이며, 많은 유대인들과 이방인들이 예수님을 그 약속의 성취로 주장했다. 이 작지만 훌륭한 책은 토라가 단지 율법만이 아니라 약속에 대한 전망과 메시아의 필요성에 관하여 말하고 있다는 것을 보여준다. 토라의 약속은 궁극적으로 안으로부터 역사하시는 하나님이 필요함을 가리키고 있다. 그 메시지가 이 책에서 크고 뚜렷하게 울리고 있으며 그에 걸맞는 설명이 기록되어 있다."

— 대럴 L. 보크

하워드 G. 헨드릭스 기독교 리더십 및 문화참여센터 문화참여부문 상임 이사, 댈러스신학대학교 신약학 수석 연구교수

"대부분의 그리스도인들은 사도 바울이 디모데에게 '모든 성경은 하나님의 감동으로 된 것으로' 주 예수 그리스도의 제자들에게 '유익하다'고 한 말을 믿는다. 그러나 얼마나 많은 그리스도인들이 정말로 자신의 노력으로 구약을 연구하거나, 실제로 구약과 신약의 차이와 그 관계를 알고 있다고 생각하는가?『모세를 읽으며 예수님을 보다』는 성경의 전체적인 조언, 모세 율법의 근본적인 목적, 메시아 예언들의 권능, 효과적이고 생산적인 유대인 전도와 제자 사역에 관하여 알고자 하는

모든 사람들에게 엄청난 자원이다. 나는 이 책이 너무나 마음에 들고 목사님들과 성도들에게도 강력히 추천한다."

— 조엘 C. 로젠버그

뉴욕타임즈 베스트셀러 저자, 조슈아 펀드 성경 교사 및 설립자

"그리스도께서 이미 오셨기 때문에 그리스도인들은 수백 년 동안 율법의 역할에 대한 논쟁을 벌여 왔다. 이 재미있고 명료한 책의 공동저자들은 구약 자체가 율법이 구원할 수 없다는 것을 가르치고 있다고 설명한다. 실제로 구약을 제대로 읽으면 그것이 메시아를 죄를 용서하시는 분으로 가리키고 있기 때문에, 그리스도인들은 근본적으로 율법이 아닌 예수님께로 향하게 된다. 이 책에서 우리는 구약을 성경신학적으로 읽게 되는데 그것은 통찰력 있고 유익하며, 독자들은 이 책에서 성경 전체의 놀라운 통일성을 보게 될 것이다. 나는 예수님을 믿는 유대인들이 쓴 이 책을 열렬히 환영한다."

— 토머스 R. 슈라이너

남침례신학교 제임스 R. 뷰캐넌 해리슨 신약학 교수

"주해적으로 견고하고, 신학적으로 타당하며, 시대에 부합하고, 무척 읽기 쉽다는 수식어들은 모두 사실이며, 그것은 이

책을 읽는 독자들에 의하여 입증될 것이다. 특히 추천하는 것은 이 책의 저자들이 나사렛 예수를 구세주와 주로 믿는 메시아닉 유대인의 믿음을 받아들인 이스라엘의 학자들이라는 점이다. 그것이 이 책에 진실성을 더해 준다. 이 책은 필독서다!"

— 유진 H. 메릴

댈러스신학대학교 구약학 (명예) 석좌교수

"『모세를 읽으며 예수님을 보다』는 유대인과 이방인 모두에게 예수 또는 예슈아를 믿는 유대인이 된다는 것이 어떤 의미인지를 이해하는 데 도움을 주는 책이다. 저자인 셋 포스텔, 에이탄 바르, 에레즈 쪼레프는 성경을 통하여 예슈아를 받아들이는 것이 유대 백성이나 이스라엘의 위대한 유산을 버리는 것이 아님을 보여준다. 오히려 반대로, 믿음 안에서 예슈아를 받아들이는 것은 오래 전 예레미야가 예언한 새 언약의 복으로 들어가는 것이다. 하나님은 그분의 백성 이스라엘에 대한 그분의 약속들을 메시아 예슈아의 삶, 죽음, 그리고 부활을 통하여 성취하셨다. 『모세를 읽으며 예수님을 보다』는 하나님께서 그분의 택하신 백성을 버리지 않으시고 계속해서 그들을 사랑하시며 그들을 자신과의 교제로 이끌고 계신다는 것을 확실하고 설득력 있는 방법으로 보여주고 있다."

— 크레이그 A. 에반스

휴스턴침례대학교 기독교 기원들 분야 존 비새그노 석좌교수

"ONE FOR ISRAEL과 이스라엘성경대학의 작품에 대하여 주님께 감사드린다. 그들의 책 『모세를 읽으며 예수님을 보다』는 하나님의 계획으로 토라가 문학적으로, 그리고 신학적으로, 모세가 사실은 예슈아에 대하여 말하고 있음(요 5:46)을 보여주고 있다는 것을 이해하는데 도움이 되는 풍성한 자료다."

— L. 마이클 모랄레스

사우스 캐롤라이나 주 테일러스 시

그린빌장로신학대학교 성경학 교수

"나는 성경을 가르치는 교수이자 배우는 학생으로서 성경 전체의 궤적을 뚜렷하게 보여주는 이 책에서 새로운 것들을 깨닫게 되었다. 강력히 추천한다!"

— 조지 H. 거쓰리

브리티시컬럼비아 주 밴쿠버 시 리전트대학교 신약학 교수

"메시아닉 유대인들에게(그리고 오늘날 많은 믿는 이방인들에게도) 가장 혼란스러운 문제는 (예슈아를) 믿는 자의 삶에서 토라

의 역할이다. (메시아닉) 운동에는 '토라를 지킨다'고 주장하는 많은 사람들이 있지만 하나님께서 모세를 통하여 명령하신 것을 그들은 자세히 읽지 못했고, 그들이 토라를 지킨다고 주장하면서 실제로는 토라 준수에 관련된 특정한 율법들을 어기는 경우가 많다. 결국 그들은 토라를 선포하면서 은혜를 실행하고 있는 것이다. 그래서 『모세를 읽으며 예수님을 보다』의 출판은 견고한 성경적 관점에서 모든 문제들을 명확히 하고 많은 믿는 자들이 토라의 역할과 목적에 있어서 성경적 균형을 이루는 데 도움을 줄 수 있는 논의로 이끄는 데 기여하고 있다."

— 아놀드 프룩텐바움
아리엘미니스트리 창립자 및 회장

"우리는 전통적인 유대인들이 자기들에게는 토라가 있기 때문에 예슈아가 필요 없다고 하는 말을 자주 듣는다. 그러나 예슈아는 그 시대의 유대인 지도자들에게 '너희가 진정으로 모세를 믿었다면 나를 믿었을 것이다'라고 하셨다. 어떻게 그럴 수 있는가? 이 새롭고 흥미로운 책의 저자들은 겸손하면서도 명확하게, 충실한 학술 연구에 근거하여, 예슈아께서 하신 말씀의 정확한 의미와, 토라의 궁극적인 목적이 그분을 가리킨다는 것을 설명하고 있다. 이 책을 읽으면서 당신의 눈이 열릴 것이다."

— 마이클 L. 브라운

FIRE 사역 학교 회장, *Answering Jewish Objections to Jesus* 저자

"믿는 사람과 모세의 율법과의 관계에 대한 많은 혼란이 있는 이 때에, 『모세를 읽으며 예수님을 보다』는 열기가 아니라 빛으로서 그것을 명확히 말하고 있다. 이 책은 예슈아를 믿는 모든 사람들에게, 특히 메시아닉 유대인들에게 매우 유용한 책이다. 저자인 포스텔과 바르와 쪼레프는 모세가 기록한 그분을 가리키고 있는 토라의 지속적인 역할을 설명하면서 토라를 높이 평가하고 존중하는 관점을 유지한다. 토라의 중요성과 토라가 메시아를 믿는 사람들과 어떤 관계에 있는지를 알고자 한다면 이 걸작품을 읽어 보라. 그리고 이 책을 읽는 동안에 성경을 곁에 두고 메모하면서 깨닫고 변화하라."

— 마이클 라이덜닉 박사

무디 성경연구소 유대학 및 성서학 교수

라디오 프로 *Open Line with Dr. Michael Rydelnik* 진행자·교사

Messianic Hope 저자 및 *The Moody Bible Commentary*

공동 저자·기고자

하나님께 열심이 있으나

지식을 따르지 않는 모든 사람들에게 이 책을 바친다.

(롬 10:2-4)

차례

추천사 • 5

역자 프로레고메나 • 15

머리말 • 25

이 책의 독특한 용어 설명 • 27

감사의 말 • 31

서론 • 33

1 토라는 율법 위반을 예상하고 있다 • 45

2 믿음의 실패는 죽음으로 이어진다 • 63

3 토라의 해결책: 메시아 • 79

4 창조 명령 • 95

5 아담-이스라엘의 연관성 • 111

6 첫 번째 시: 타락에 관한 하나님의 응답 • 121

7 두 번째 시: 야곱이 아들들을 축복하다 • 139

8 세 번째 시: 발람의 신탁 • 149

9 율법의 기능 • 167

10 하나님의 절충된 이상 • 195

11 오늘날 모세의 율법을 지켜야 하는가? • 205

12 메시아닉 유대인의 정체성 • 233

결론 및 마지막 과제 • 245

참고 문헌 및 추천 도서 • 249

역자 프로레고메나

본 역서는 유대인들이 "토라"라고 부르는 "모세오경(창세기, 출애굽기, 레위기, 민수기, 신명기)을 어떻게 읽을 것인가?" 내지 "토라/모세오경은 예슈아 안에서 어떻게 그 목표를 이루는가?"라는 질문들에 대해서 매우 독특하고 실제적인 해답을 제시한다.

서문에서 간략히 소개하듯이, 이 책의 공동저자 세 교수(Erez Soref 총장, Seth Postell 교학처장, Eitan Bar 미디어와 전도 디렉터)는 모두 유대인과 아랍인 복음사역자를 양육하고 재교육하는 세계에서 유일한 고등교육 기관으로서 이스라엘에 소재한 원포이스라엘성경대학/이스라엘성경대학(ONE FOR ISRAEL's Bible College/Israel College of the Bible)에 봉직하면서, 동시에 유대인과 아랍인이 예슈아 함마쉬아흐/야수울 마시흐

(예수 그리스도)를 구주로 영접하여 각각 현대 히브리어와 아랍어로 자신의 짧은 간증을 나누는 웹사이트(www.oneforisrael.org)를 통해 1억 이상의 참여자를 섬기면서 받은 공통적인 다섯 가지 질문들이 이 책 구성의 기초가 되었다: (1) 예수님이 율법을 지키셨으므로 (유대인과 이방인) 신자들도 율법을 지켜야 하는가? (2) 아니면 적어도 그 중에 일부(안식일이나 음식에 관한 계명 등)를 지켜야 하는가? (3) 구전 율법(랍비들의 전통)은 어떠한가? (4) 토라는 어떻게 메시아를 가리키고 있는가? (5) 우리는 오늘날 어떻게 모세의 율법을 적용해야 하는가?

이 역서를 정독해 보면 더 확실하게 깨닫게 되겠지만, "토라/모세오경을 어떻게 읽을 것인가?" 내지 "토라는 예슈아 안에서 어떻게 그 목표를 이루는가?"라는 질문들은 본질적으로 "구·신약 성경 전체를 어떻게 읽을 것인가?" 내지 "구·신약 성경 전체는 예슈아 안에서 어떻게 그 목표를 이루는가?"라는 질문과 동일한 것이다. 왜냐하면 토라는 구약성경을 구성하는 "토라/모세오경, 네비임/선지서, 케투빔/성문서"의 진부분이요, 더 나아가 구약과 신약으로 구성된 전체 성경의 진부분이기 때문이다.

먼저 이 책의 번역 초안을 위해 수고한 주 예수님의 소중한 동역자 이상준 전도사님께 감사를 표한다. 그는 앞으로 이스라엘을 품고 역자와 함께 한국 교회를 위하여 중요한 신학 저서들의 출판사역에 헌신할 유능한 차세대 인물이다. 계속해서 잘 쓰임 받도록 독자들의 격려와 후원을 기대한다.

역자는 독자들의 이해를 더욱 높이기 위하여 원문대조와 함께 필요한 역자 주를 꼼꼼히 공급하면서 쉬운 표현 이면에 깊이 배인 유대인 문헌과 사상을 드러내려고 애를 썼다. 독자들은 이 "작지만 매운" 필독서를 통하여 토라/모세오경은 물론 구약과 더 나아가 신약까지 동일한 방식으로 "성경 전체를 어떻게 읽을 것인가?" 내지 "성경 전체는 예슈아 안에서 어떻게 그 목표를 이루는가?"에 대하여 "큰 그림, 대하(大河) 이야기, 메타내러티브"(Big Picture, Grand Story, Meta-Narrative)[1]로서 성경 전체를 읽고, 성경 기록의 목적이 "그리스도 예수님

---

[1] 성경 전체를 파노라마로 통전적 이해를 돕는 김진섭, 『파노라마 구약개론』(서울: 이스트윈드 글로벌, 2019), 48-74; David Limbaugh, *The Emmaus Code: finding Jesus in the Old Testament* (Washington, DC: Regnery Publishing, 2015), 주지현 역, 『슬기로운 구약읽기』(서울: 좋은씨앗, 2018); Wayne Grudem, C. John Collins, and Thomas R. Schreiner, *Understanding the Big Picture of the Bible* (Wheaton, IL: Crossway, 2012); Craig G. Bartholomew and Michael W. Goheen, *The Drama of Scripture: Finding Our Place in the Biblical Story* (Grand Rapids: Baker Academic, 2004); Vaughan Roberts, *God's Big Picture: Tracing the Storyline of the Bible* (Downers Grove, IL: IVP Books, 2002)를 참조하라.

안에 있는 믿음으로 말미암아 구원에 이르게 함"(딤후 3:16; 요 5:39; 20:31; 벧전 1:10-12)에 있음을 더욱 확신할 수 있기를 바란다.

토라/모세오경을 포함한 구·신약 성경의 인간 기록자는 약 40명(구약 31명 + 신약 9명)의 인간 기록자를 통해 약 1500년(구약 1000년 + 구·신약 중간시대 400년 + 신약 첫 책인 갈라디아서나 데살로니가전서 기록까지 50년 + 신약 50년)에 걸쳐 기록된[2] 것이긴 하지만, 본질상 궁극적으로 "성령 하나님"이

---

2) **저작 기간 – 구약: 모세오경**(모세 죽음, 주전 1406년)에서 **역대기**(에스라 예루살렘 도착[스 7:8], 주전 458년; 느헤미야 예루살렘 2차 귀환[느 13:6], 주전 432년)까지, 혹은 **말라기**('총독'[말 1:8], 주전 475년[느헤미야 이전 페르시아인? 총독]이거나 432년[총독 느헤미야])까지.

신약: 갈라디아서(①남갈라디아설로서, 1차 전도여행 후 주후 48-49년[행 15장, 예루살렘 공의회 이전 시리아 안디옥에서], 혹은 51-53년[시리아 안디옥이나 고린도에서], ②북갈라디아설로서, 2차 전도여행 후 주후 53-57년[에베소나 마게도냐에서])나 **데살로니가전서**(행 18:12, 주후 51-52년[아가야 총독 갈리오 시절 고린도에서])에서 **요한계시록**(주후 95년)까지.

인간 기록자 – 구약: (1)**모세**(오경, 시 90), (2)**여호수아**(신 1:1-5[?]; 34장[?], 여호수아서), (3)**사무엘**(사무엘상하[?], 여호수아서 일부[?], 룻기[?], 사사기[?]), (4)**다윗**(시편 75개), (5)**헤만**(시 88)과 **고라 자손**(12개 시편; 42-49; 84-85; 87-88), (6)**아삽**(시 50)과 **아삽 자손**(시 73-83), (7)**여두둔**(= **에단**; 시 39, 62, 77)과 **여두둔 자손**(시 89), (8)**솔로몬**(시 72, 127; 전도서, 잠언 1-24장, 아가서), (9)유다 왕 **히스기야**(주전 715-686; 초기 개혁활동[왕하 18:1-6; 대하 29-31장]) **신하들**의 편집(잠 25-29장), (10)**익명 기록자**로서 솔로몬-바벨론 포로기 사이의 이스라엘 역사와 무관한 족

성경의 진정한 저자이심을 또한 깊이 명심해야 할 것이다.[3]

장시대(주전 2-1천년)의 욥이라는 현인에 대한 지혜문헌(욥기), (11-26) **16명 선지자**(이사야, 예레미야[예레미야, 예레미야 애가], 에스겔, 다니엘, 호세아, 요엘, 아모스, 오바댜, 요나, 미가, 나훔, 하박국, 스바냐, 학개, 스가랴, 말라기), (27)**에스라**(에스라, 역대상하[?], 느헤미야 일부[??]), (28)**느헤미야**(느헤미야), (29)**익명 기록자**(에스더), (30)바벨론 포로기의 유대인 공동체의 필요에 부합하여, **익명 기록자**(열왕기상하), (31)바벨론 포로에서 갓 돌아온 회복된 유다 지역 공동체를 위한 **익명 기록자**(역대기상하).

신약: (1)**마태**(마태복음), (2)**마가**(마가복음), (3)**누가**(누가복음, 사도행전), (4)예수님의 이종사촌 **요한**(요한복음, 요한 1, 2, 3서, 계시록), (5)**바울**(로마서, 고린도전후서, 갈라디아서, 에베소서, 빌립보서, 골로새서, 데살로니가전후서, 디모데전후서, 디도서, 빌레몬서, 히브리서[?]), (6)예수님 다음 동생 **야고보**(마 13:55; 눅 8:19; 행 12:17; 15:13;21:28; 고전 15:7; 갈 1:19; 2:9; 주후 62년 경 순교; 야고보서); (7)그 야고보의 동생 **유다**(유 1절; 마 13:55; 막 6:3; 요 7:3-10; 행 1:14; 고전 9:5; 갈 1:19; 유다서), (8)**베드로**(베드로전후서), (9)히브리서 **익명 기록자**(바나바[?] 혹은 **아볼로**[?]).

3) 성경의 인간 기록자는 신적 저자이신 성령 하나님의 유기적 도구임을 강조하는 다음의 본문은 명심할 필요가 크다: (1)**구약:** 삼하 23:1-2; 대상 28:12,19(성경의 모든 하나님의 건축물에는 반드시 성령 하나님의 설계도가 있다: ①**우주창조**[창 1:1-2:3]를 묘사하는 ⓐ그가 창조하셨다'[바라, '잘라서 모양을 내다']는 표현은 '지적 설계'[Intellectual Design]의 도면(계획)을 보여 준다; ⓑ "땅은 '혼돈하고'[토후, '형체가 없고'] '공허하며'[보후, '거주자가 없는']… 하나님의 영은 수면 위에 '운행하시니라'[메라헤페트, '{독수리 같이} 선회하고 계셨다'; 참조. 신 32:11, '{독수리가 자기 새끼 위에} 너풀거리며']라는 표현은 첫 3일간의 '형체'를 만드심과 다음 3일 간의 1·4, 2·5, 3·6일의 짝을 이루는 '형체 속에 생명과 가능을 가진 거주자'를 수놓는 성령님의 창조 사역을 보여 준다; ②**노아방주**[창 6:15; 300×50×30 규빗 = 135×22.5×13.5m; 21,000

톤, 미식 축구장 보다 30m 정도 더 길고 5층 건물의 높이로서, 약 30m 의 파도에도 이 가장 우수함이 증명되었다]; ③**모세성막**["내가 산에서 네게 '보인 양식'[마르에, 타브니트] 대로[출 25:9, 40; 민 8:4; 참조. 투포스{> type; 행 7:41; 히 8:5}]; ④**솔로몬성전**[대상 28:12, 19], ⑤**스룹바벨 제2성전**[고레스 왕의 포로 귀환 조서{주전 538.3; 스 1:1-4}를 따라 1차 귀환{스 2:64-65}한 약 5만 명 이상의 백성들이 총독 스룹바벨과 대제사장 여호수아의 감독 아래 성전 지대를 놓고 공사 부진 중에{주전 536-30년; 스 3:8-4:5}, 방해로 공사 중단에 이르렀을 때{주전 530-20년; 스 4:6-24}, 학개는 출애굽시의 '나의 언약의 말과 나의 영'이 여전히 머물러 있음을 주지시키고{학 2:5}, 스가랴는 성전 재건은 재력이나 권력이아니라 '오직 나의 영'으로 됨을 역설하여{슥 4:6}, 성령님의 감동으로{학 1:14} 3년 반 만에 재건을 완공하였다{주전 520.9.21~516.3.12; 학 1:14; 스 6:15-18}]; ⑥**에스겔 환상성전**[겔 40-48장의 환상 성전은 성령 하나님을 가리키는 여호와의 '권능'{야드, '손' 겔 40:1}이 에스겔을 이상 중에 바벨론 그발 강가에서 예루살렘으로 인도하여, 한 천사가 삼줄과 장대로 환상 성전을 측량하는 것을 보이셨다{겔 40:2-5a}], ⑦**천국**[히 11:10, "하나님이 계획{설계}하시고 지으실{건축} 터가 있는 성"]); 슥 7:12.

(2)**신약**: 마 4:4('기록되었으되'[게그랍타이]; 신약이 구약 인용 시, [성령] 하나님이 성경의 저자임을 드러내면서도 그 이름은 절대 언급되지 않는'신적 수동'[divine passive]의 의미로 자주 활용); 막 12:36 < 시 110:1; 행 1:16 < 시 109:8; 행 4:25 < 시 2:1,2; 행 21:11; 행 28:25 < 사 6:9-10; 살전 2:13; 딤전 4:1(막 13:22; 행 20:29-30; 살후 2:3과 유사한 예언으로, 사도 바울에게 성령께서 구체적으로 계시하신 것을 가리킨다; 참조. 갈 1:11-12; 행 20:35b; 고전 7:10-13); 딤후 3:16a; 히 3:7(3:7-4:13은 시 95:7-11의 해설임); 9:8(참조. 8:7-8, 13); 10:15(10:16-18 = 8:8-12 < 렘 31:31-34); 벧후 1:21; 3:15b-16(11-14절의 "거룩한 행실"에 대한 권고의 병행구절이 바울서신과 사도행전에서 충분하게 증명되며, '다른 성경', 즉 하나님의 감동으로 기록된 구약성경과 바울서신과 베드로서신이 동일한 신적 권위를 지녔다는 점에서 성경의 동일한 교훈과 목적의 통일성을 강조);

흙에서 취한 티끌로 빚은 남성의 콧구멍에 "생기를 불어넣어" 남성(아담)을 만드신 성령님을 믿는다면(창 2:7; 욥 32:8; 33:5; 34:14; 시 104:30), "[동일한 성령] 하나님의 생기를 받고"(쎄오프뉴스토스, "God-breathed", 딤후 3:16), "성령님에 의해 '불가항력적으로 움직여진 대로'(페로메노이; 참조. 동일한 동사로 강풍의 현상을 가리키는 행 2:2; 27:15, 17) 하나님으로부터 받아 말한"(벧후 1:21) "유기적–동력적(organic-dynamic, 인간 기록자의 교육과 재능을 사용하신 성령 하나님), 축자적(verbal, 일점일획), 만전적(plenary, 단어의 사상)" 영감으로 기록된 정확(infallible, 기록된 '말씀'에 관한 한, 축자적 만전적 소통에 '실패할 수 없다'), 무오한(inerrant, 기록한 '인간 저자'에 관한 한, 원저자이신 성령의 뜻을 기록함에 유기적–동력적으로 '잘못이 없다') 하나님의 말씀을 기록할 수 있게 되었음을 확신하게 되는 것이다.

역자는 위와 같은 신앙고백적 맥락에서, "성경의 저자는 성령 하나님이시다"를 강조하기 위해 모세를 저자로 표현하

계 22:18-19.

성경 자체가 모든 성경은 성령 하나님이 기록하신 신적 권위가 있음을 '자증(自證; 아우토피스토스, self-authentication)하는 다음의 구절들 역시 명심할 필요가 있다: 시 12:6; 19:7; 잠 30:5; 렘 20:9; 살전 2:13; 히 4:12.

는 이 책의 영어 원문을 아래와 같이 최대한 수정 보완하여 명시하고자 했다. 주의를 요하는 것은 "제9장 율법의 기능" 이후 부분에 사용된 "바울은…"(167, 169-170, 173, 185-188, 191, 215, 222쪽)이나 "베드로가…"(181쪽) 등의 표현도 "성령께서 바울/베드로를 통하여…"의 의미로 읽어야 한다는 점이다: "우리가 '토라'라는 용어를 사용할 때, 이것은 (성령께서) 모세를 통해 기록한 다섯 권의 책 전체(모세오경)를 가리킨다"(28쪽); "성령께서 모세를 통해 기록한(성경의 원저자요 궁극적 영감과 권위이신 성령 하나님을, 하나의 도구로서 소위 인간 저자라 부르는 모세보다 더 강조하는 의미로 역자가 의도적으로 사용한다 – 역자 주)"(29-30쪽); "이 본문의 정보는 모세를 통해 토라를 기록한 목적이"(39쪽); "사실은 성령께서 모세를 통해 토라를 기록할 때 의도한"(47쪽).

디모데후서 3:12-17은 저자 성령 하나님이 성경에 대해 가장 포괄적으로 말씀하시는 핵심 요약이므로,[4] 이 책을 대

---

4) **[성경에의 태도]** [14]그러나 너는 배우고 확신한 일에 거하라. 너는 네가 누구에게서 배운 것을 알며, [15]또 어려서부터 성경을 알았나니,

[성경기록 목적] 성경은 능히 너로 하여금 그리스도 예수 안에 있는 믿음으로 말미암아 구원에 이르는 지혜가 있게 하느니라.

[성경기록 방법] [16]모든 성경은 하나님의 감동으로 된 것으로,

[성경 기능] 교훈과 책망과 바르게 함과 의로 교육하기에 유익하니,

[성경에의 올바른 태도 결과] [17]이는 하나님의 사람으로 온전하게 하

하는 모든 독자들과 가족 3대가 대대로 함께 암송하며 기억하고, 성경을 읽을 때마다 적용, 실천할 수 있기를 소망한다.

    마지막으로 이 책을 통하여 하나님의 살아있고 운동력이 있는 말씀을 "내 창자에 채우고"(렘 15:15; 겔 3:2-3; 시 19:10; 119:103; 약 1:21; 계 10:9-10), "가슴은 뜨겁고(은혜) 머리는 차가운(진리)"(요 1:14) 주 예수님을 본받아 균형잡힌 그리스도인으로서 말씀과 기도와 성령님의 충만을 누리는 우리 모두가 되기를 진심으로 기원하는 바이다.

며 모든 선한 일을 행할 능력을 갖추게 하려 함이라.

머리말

우리가 이 작은 책을 쓰기로 결심한 것은 ONE FOR ISRAEL이 가장 자주 받는 질문 다섯 개 가운데 믿는 사람과 토라(모세오경) 및 그 계명(율법)과의 관계를 묻는 질문들이 들어 있기 때문이다. 예수님이 율법을 지키셨으므로 (유대인과 이방인) 신자들도 율법을 지켜야 하는가? 아니면 적어도 그 중에 일부(안식일이나 음식에 관한 계명 등)를 지켜야 하는가? 구전 율법(랍비들의 전통)은 어떠한가? 토라는 어떻게 메시아를 가리키고 있는가? 우리는 오늘날 어떻게 모세의 율법을 적용해야 하는가? 이 책은 최소 10년의 학술 연구를 토대로 하고 있지만, 비전문적인 독자들을 염두에 두고 썼다. 우리의 목표는 토라와 관련된 질문들에 대하여 알기 쉬운 답을 제공하는 것이며, 성경 본문을 주의 깊게 살펴보는 것에 철저히 기초하여 그 해답을 제시할 것이다.

셋 포스텔 박사(Dr. Seth Postell, 히브리성경 철학박사)는 ONE FOR ISRAEL 성경대학(이스라엘성경대학)의 교학처장이다. 에이탄 바르(Eitan Bar, 목회학박사)는 ONE FOR ISRAEL의 미디어 및 전도 디렉터이다. 에레즈 쪼레프 박사(Dr. Erez Soref, 심리학 철학박사)는 ONE FOR ISRAEL/이스라엘성경대학의 총장이다. 셋과 에이탄과 에레즈는 모두 예슈아(예수)를 믿는 이스라엘의 유대인들이다.

우리는 이 작은 책을 통하여 당신이 더 많은 생각을 하고, 토라를 주야로 묵상함으로(수 1:8; 시 1:2-3) 예슈아가 어떤 분인지, 그분이 하신 일이 무엇인지에 대하여 더 깊이 알게 되기를 진심으로 소망한다.

이 책의 독특한 용어 설명

 이 책의 저자들인 우리는 우리의 유대적 환경과 유산과 문화의 영향을 받았기 때문에 일부 독자들이 낯설게 느끼는 용어들을 사용할 수 있다. 그러나 우리의 의도는 독자들을 배제하거나 격리하려는 것이 아니라, 단지 우리의 정체성과 사고방식에 부합한 언어학적 표준 용어들을 사용하려는 것이다. 이 책에서 당신은 성경과 역사적인 유대학자들과 그들의 저서들(성경 외적 자료 포함)을 언급하는 데 사용된 히브리어 단어들의 뉘앙스에 집중하는 것과, 우리가 성경 본문 사이의 연결점들을 설명하면서 유대인의 관점으로 성경을 읽도록 권하는 것을 보게 될 것이다. 우리는 이것을 통하여 독자들이 토라에서 말하고 있는 이야기의 의미를 더 깊이 깨달을 수 있기를 소망한다.

우리는 "토라"(Torah)와 "율법"(Law)이라는 단어를 사용함에 있어서 일관성을 유지하도록 노력했다. 우리가 "토라"라는 용어를 사용할 때, 이것은 (성령께서) 모세를 통해 기록한 다섯 권의 책 전체(모세오경)를 가리킨다(따라서 이 책에서 "토라"는 기본적으로 "모세오경"[Pentateuch]을 가리키는 히브리어 동의어임을 독자들은 기억해야 할 것이다 - 역자 주). 우리가 "율법"이라는 용어를 사용할 때, 이것은 특별히 이스라엘에게 주어진 계명들을 가리키는 것이다. 다만 우리가 ESV(English Standard Version) 성경을 인용할 때에는 예외가 있다. ESV는 어떤 경우에 모세가 기록한 다섯 권의 책 전체를 가리키는 말로 "Law"(율법, 대문자 L)를 사용한다(마 5:17; 22:40; 눅 16:16; 2:24; 행 13:15). 다른 경우에 "Law"(율법, 대문자 L)는 시내산 언약의 계명들이라는 한정된 의미로 사용된다(마 12:5; 눅 2:22, 24; 갈 3:10). 어떤 때는 "law"(율법, 소문자 l)가 시내산의 계명들을 가리키는 뜻으로 사용된다(마 23:23; 행 13:39; 15:5; 21:24; 롬 2:12). 로마서 3:21에서는 "Law"(율법, 대문자 L)가 모세오경을 가리키고, "law"(율법, 소문자 l)는 시내산 계명들을 가리키는 것으로 사용되었다. ESV는 이런 부분에서 일관성이 없다. 우리는 이 책에서 ESV의 구절들을 인용했지만, 우리가 인용한 구절의 문맥 속에서 이 용어들의 뜻을 명확하게 이해할 수 있을 것이다.

- **율법**(Law, 대문자 L): 시내산 언약의 계명들.
- **마이모니데스/람밤**(Maimonides/Rambam): 12세기의 유대인 철학자로 아마도 탈무드에 관한 가장 영향력 있는 사상가이자 저작자일 것이다. (13세기 토라 학자인 나흐마니데스/람반[Nachmanides/Ramban]과 혼동하지 말 것.)
- **구전 율법**(Oral Law): 랍비들의 전승.
- **라쉬**(Rashi): 가장 저명한 유대 성경 주석가.
- **탈무드**(Talmud): ('학습'이란 뜻으로) 모세의 율법에 대한 미쉬나(Mishnah, 주후 200년 경)와 게마라(Gemarah, 주후 500년 경)로 구성된 랍비 주석으로 고대 전승 가운데 성경이 아닌 유대인 저작들의 모음집.
- **타나크**(Tanakh): 구약성경을 가리키는 히브리어 명칭으로서, 토라(Torah, 모세오경), 네비임(Nevi'im, 선지서), 케투빔(Ketuvim, 성문서)으로 이루어져 있기 때문에 이 세 개의 히브리어 첫 글자들(T, N, K)에 모음을 붙여 '타나크'라고 부름.
- **토라**(Torah): ('교훈'이란 뜻으로) 성령께서 모세를 통해 기록한(성경의 원저자요 궁극적 영감과 권위이신 성령 하나님

을, 하나의 도구로서 소위 인간 저자라 부르는 모세보다 더 강조하는 의미로 역자가 의도적으로 사용한다 – 역자 주) 다섯 권의 책(창세기, 출애굽기, 레위기, 민수기, 신명기)인 모세오경 전체를 일컫는 말.

• **예슈아**(Yeshua): ('구원'이란 뜻) 예수님의 히브리어 이름.

감사의 말

우리는 이 책을 "출산"한 것에 대하여 많은 사람들에게 감사를 표하고 싶다. 이 책의 첫 원고가 현재의 형태로 발전하기까지 많은 시간과 생각으로 헌신한 짐 시블리(Jim Sibley), 에스더 마틴(Esther Martin), 조셉 분(Joseph Boone), 린 로젠버그(Lynn Rosenberg), 조 블로워(Jo Blower), 데이빗 헥트(David Hecht), 웨스 테이버(Wes Taber)에게 특별히 감사드린다. 우리는 또한 책의 내용과 관련하여 함께 꼼꼼히 일한 도미닉 헤르난데즈(Dominick Hernandez), 제프리 세이프(Jeffrey Seif), 제퍼리 크랜포드(Jeffery Cranford), 보아즈 마이클(Boaz Michael), 윈 크렌쇼(Winn Crenshaw), 론 시브루크(Ron Seabrooke), 데이브 브로드스키(Dave Brodsky), 타이 플레웰링(Ty Flewelling), 조지 거쓰리(George Guthrie), 미치 글레이저(Mitch Glaser), 요엘 세

튼(Yoel Seton)에게도 감사를 전한다. 우리는 특별히 이 증보판을 만들기 위하여 밤낮으로 일한 타고난 편집자인 미셸 셸퍼(Michelle Shelfer)에게 감사의 마음을 전한다. 아울러 이 책의 출판을 가능하게 한 짐 위버(Jim Weaver)에게 감사를 표하고자 한다. 마지막으로 고인이 된 존 세일해머(John Sailhamer)에게 우리의 감사를 전하고 싶다. 그는 강의와 책을 통하여 토라가 두렵고도 놀랍게 만들어졌다는 것을 보여줬다!

서론

　우리는 예슈아(예수님)를 믿는 세 명의 이스라엘 유대인들의 솔직한 고백으로 이 책을 시작하고자 한다. 유대인으로 사는 것은 쉬운 일이 아니다! 예수님을 믿는 유대인으로 사는 것은 더욱 어려운 일이다. 우리는 유대인으로서 전 세계적으로 커져가는 반유대주의와 상대해야 한다. 우리는 메시아닉 유대인(그리스도인과 동의어로서, 예수님을 메시아로 믿는 유대인을 말한다 – 역자 주)으로서 자기 가족에게 배척당하는 경우가 많다. 유대인 공동체의 영적 지도자들은 만일 우리가 "그 사람"(예슈아 – 역자 주)을 믿으면 우리는 더 이상 유대인이 아니라고 우리에게 말한다. 우리는 메시아의 몸 안에서 우리의 정체성에 관한 격렬한 투쟁에 대하여 알지 못하는 이방인 형제들과 자매들에게 오해 받는 일이 많다. 이 투쟁은 일반적으로 믿는 이방인들에게는 불필요한 것이다.

초대 교회는 완전히 다른 관점에서 정체성의 문제와 씨름했다. 메시아 신앙은 유대적인 것이었기 때문에, 문제는 이방인들이 초기의 메시아닉 공동체에 들어왔을 때 발생했다. 최초의 교회 공의회(행 15장)는 근본적으로 유대적인 믿음과 문화를 이방인들에게 어떻게 적용할 것인가에 대하여 논의했다. 그들은 믿는 이방인들이 율법을 지키지 않아도 된다고 결론내렸다. (그러나 오늘날 많은 이방인 그리스도인들은 유대인 구세주에 대한 그들의 사랑의 표현으로서 율법을 지켜야 하는가에 대하여 신실하게 고민하고 있다.)

그러면 오늘날 예슈아를 믿는 유대인들은 어떠한가? 사도행전 15장은 믿는 유대인들이 계속해서 율법을 지킬 것을 보여주고 있지 않은가?[1] 사도행전 21:23-24에서 바울은 자신이 "율법을 지켜 행하는" 사람이라는 것을 증명하려고 하지 않았는가? 예슈아께서는 "누구든지 이 계명 중에 가장 작은 것 하나를 완화하고 다른 사람들에게 그와 같이 행하라고 가

---

[1] 메시아닉 유대인들이 율법을 지킬 의무가 있다고 주장하는 어떤 무언논법(argument from silence)도 행 15:10에 나온 베드로의 명확하고도 충격적인 고백을 무시해서는 안 된다. "그런데 지금 너희가 어찌하여 하나님을 시험하여 우리 조상과 우리도 능히 메지 못하던 멍에를 제자들의 목에 두려느냐?"

르치는 자는 천국에서 가장 작다고 일컬음을 받을 것이요, 그러나 누구든지 그것들을 행하고 그것들을 가르치는 자는 천국에서 크다고 일컬음을 받을 것이다"(마 5:19)라고 말씀하셨다.[2] 우리의 메시아는 우리에게 "무엇이든지 그들(서기관들과 바리새인들)이 너희에게 말하는 것은", 즉 율법과 그것에 대한 랍비들의 구전 해석을 "행하고 지키라"(마 23:2-3)고 하셨다. 모세는 우리에게 율법의 계명들이 영원한 것이라고 했다(예를 들면, 출 12:14, 17, 24; 27:21; 28:43; 29:9, 28; 30:21; 31:16을 보라).[3] 논란은 이제 종결되었다. 믿는 유대인들은 우리의

---

[2] 사실 예슈아는 마 5:17-20의 의미를 5장의 나머지 부분에서 설명하셨다. 사람들이 예슈아와 그분의 제자들이 율법을 폐지했다고 그들을 고발한 것은 분명하다. 그러나 예슈아의 진정한 제자들은 율법에 기록된 요구 이상의 기준을 가지고 있다. 주님은 그 기준을 더 높게 두셨다! 예를 들어, 메시아의 제자들은 음욕을 품고 여자를 바라보는 것조차 허용하지 않을 것이기 때문에, 그들은 음행하지 말라는 계명을 지킬 것이다. 예슈아의 음행에 관한 가르침을 보면, 그분이 율법의 계명을 완화하지 않았다는 것은 매우 분명하다.

[3] 보통 "영원한"(히브리어 '올람')으로 번역된 단어가 어떤 경우에는 길지만 제한적인 시간을 나타내기도 한다는 것에 주목해야 한다. 이것의 좋은 예는 렘 25:9에서 볼 수 있는데, 하나님께서 이스라엘 땅을 "영원한 폐허"가 되게 하시겠다고 말씀하셨다. 그런데 렘 29:10에서 하나님은 70년 후에 그분의 백성을 다시 그 땅으로 돌아오게 하겠다고 약속하셨다. 이 경우 '올람'은 70년의 기간을 의미한다. 그러므로 단지 "영원한 규례"라는 표현 때문에 율법을 영원히 지켜야 한다고 주장할 수는 없다.

랍비이신 예슈아와 우리의 교사인 모세에게 순종하여, 그리고 바울의 예를 따라서, 메시아를 믿는 선하고 신실한 유대인으로서 율법에 순종해야 한다.

이 논리는 설득력이 있지만, 우리는 여전히 큰 해석적 딜레마에 직면하고 있다. 왜 그러한가? 위의 구절들은 명확해 보이지만, 신약 성경의 다른 구절들은 우리가 더 이상 "율법 아래에" 있지 않다는 생각을 갖게 한다. 예를 들면, 사도 바울을 통하여 성령께서 말씀하시기를 율법은 하나님이 그 이전에 하셨던 약속들에 더하여진 것이고, 그 약속들을 대체하는 것이 아니며, 단순히 우리를 메시아에게로 이끄는 초등교사의 역할을 한다고 한다(갈 3:1-24를 보라). 그러나 이제 메시아께서 오셨으니 우리는 "더 이상 초등교사 아래에 있지 않다"(갈 3:25). 또 바울을 통하여 "그러므로 먹고 마시는 것과 절기나 초하루나 안식일을 이유로 누구든지 너희를 비판하지 못하게 하라. 이것들은 장래 일의 그림자이나 몸은 그리스도의 것이니라"(골 2:16-17)고 하셨다. 히브리서는 예슈아의 제사장 직분으로 인하여 율법이 바뀌어야 한다는 사실을 매우 확실하게 말했다. 이것은 그가 아론의 자손도 아니며, 레위 제사장 지파에서 나지도 않았기 때문이다. "제사 직분이 바꾸어졌은즉 율법도 반드시 바꾸어지리니"(히 7:12). 이어서 말하기를, 율법에 규정된 예배 체계는 더 나은, 더욱 온전한 것들의 모형과 그림자이며(히 8:5; 10:1), 그것의 목적은 우리를 더 나은 언약으로 인도하는 것이라고 했다. 이것은 새 언약이 만들어지면서 이전의 언약이 "사라지게"(낡아지게) 되었기 때문이다(히 8:6-13).[4]

이 주제에 대하여 어느 정도 합의에 이르는 첫 걸음에는, 만일 문제가 단순하고 복잡하지 않았다면 믿는 자들 사이에 율법의 역할에 관한 논쟁은 없었을 것이라는 점을 겸손하게 그리고 정직하게 인정하는 것이 포함된다. 비록 우리가 일반적으로 우리의 입장과 반대로 성경의 구절들을 설명하려고 (심지어 해명하기까지) 하지만, 사실 해석은 과학이 아니다. 이 문제에 대하여 양쪽에 각각의 해석을 믿는 사람들이 계속해

---

[4] 히 8:13에서 "낡아지고 쇠하는 것"과 "없어져 가는 것"이라고 말한 것은 무엇을 의미하는가? 어떤 사람들은 옛 언약이 실제로 "없어져 간" 때를 히브리서 기록의 후대로 보지만, 저자의 의견은 다른 것 같다. 저자는 예레미야 선지자가 "내가 새 언약을 맺으리라"(렘 31:31)고 기록했을 때의 "새(로운)"의 의미로 말한 것으로 보인다. 예레미야가 1차 성전이 무너지기 직전에 그 언약을 "새 언약"이라고 불렀을 때, 그는 "옛 언약"이 그의 시대에 이미 낡아지고 "곧 없어졌다"고 한 것이다. 이것은 새 언약이 맺어졌을 때 "옛 언약"은 낡아졌고 사라졌다는 것을 말한다. 우리는 의도적으로 "사라졌다"와 "낡아졌다"라고 썼다. 왜냐하면 이것이 본문이 정확하게 말하는 요점이기 때문이다. 메시아의 피 흘림으로 새 언약이 맺어졌을 때, 옛 언약은 사라졌고 낡아졌다.

서 존재할 것이고, 그들은 반대편에 있는 사람들이 이 문제에 대한 "명백한 진실"을 보지 않는 이유가 무엇인지를 알기 위하여 노력할 것이다.

우리는 건전하고 존경할 만한 반대에 대하여 진정한 감사를 표하는 것으로 시작하고 싶다. 우리는 우리가 말해야 하는 토라의 의미와 토라 안에 있는 율법의 목적에 관하여 모든 사람이 동의하지는 않을 것이라는 점을 깨달았다. 만약 우리가 다른 사람들이 이 문제에 대한 모든 것을 이미 말했다고 생각했다면, 우리는 이 책을 쓰지 않았을 것이다. 우리는 이 책이 그 논의에 있어서 이 책 고유의 기여를 한다고 생각한다.

많은 사람들이 토라를 랍비 유대교의 관점로 읽는다. 그들은 토라를 율법책으로 여기며, 토라를 따르는 것이 시내산 언약의 계명을 지키는 것이라고 본다. 우리는 이 일반적인 추정에 동의하지 않는다. 오히려 우리의 주장은 토라, 즉 창세기부터 신명기까지는 역사적 이야기이며, 그것의 목적은 이스라엘을 그들이 어긴 율법을 **통과하여** 그 이상의 것, 즉 모세가 토라를 읽는 자들에게 약속한 마지막 날들에 오시는 메시**아에게로** 이끈다는 것이다. 우리의 관점에서 토라를 충실히 따르는 자는 예슈아를 믿는 자인 것이다(요 5:39-47을 보라)! 우리는 토라에서 일부 핵심적인 구절들을 살펴봄으로써 이 주장을 뒷받침할 것이다.

제1장에서 우리는 토라의 서론(창 1-11장)과 결론(신 29-34장)을 볼 것이다. 우리는 토라의 시작과 끝을 읽으면서 이스라엘이 약속의 땅에 들어가기 전에 그들이 장래에 율법을 어길 것과 이후에 포로로 끌려갈 것에 대하여 모세가 예언하는 것을 볼 것이다. 이것은 토라를 기록한 **주된** 목적이 이스라엘을 그들이 범한 율법**으로** 인도하기 보다는 그것을 **통과하여** 그 너머에 있는 것으로 인도하는 것임을 보여준다.

제2장에서 우리는 시내산에서 율법이 주어지는 이야기(출 19:1에서 민 10:10까지)가 시내산**으로** 향하는 광야 이야기(출 15:22-18:27)와 시내산**에서** 떠나는 이야기(민 10:11-36:13) 사이에 있다는 것을 살펴볼 것이다. 우리는 율법이 주어지는 것과 이스라엘의 믿음의 실패(이것의 결과는 죽음이다, 롬 7:9-10) 사이의 직접적인 관계를 볼 것이다. 이 본문의 정보는 모세를 통해 토라를 기록한 목적이 우리를 단순히 율법**으로** 인도하는 것이 아니라 율법을 **통과하여** 그 너머에 있는 것으로 인도한다는 증거를 제시한다.

제3장에서 우리는 토라가 목표하는 곳을 보여줄 것이다. 그것이 율법을 가리키는 것이 아니라면 그것은 메시아를 가리키고 있는 것이다. 우리는 "마지막 날들"에 관하여 말하는

구절들을 볼 것이다. 우리는 이 구절들이 모세가 토라를 기록한 궁극적인 목표, 즉 이스라엘이 율법을 어긴 것을 **통과하여** 우리를 마지막 날들에 메시아**에게로** 인도한다고 주장한다.

제4장에서는 아담과 하와의 이야기에 나타난 하나님의 축복의 패턴인 **창조 명령**을 설명할 것이다. 우리는 아담을 인류를 위하여 하나님의 창조의 목적들을 나타내는 하나님의 최초의 모형적인 왕과 제사장으로 볼 것이다.

제5장은 우리를 바벨론의 강들로 데려간다. 아담은 그의 불순종으로 동쪽으로 추방당하는 형태의 결과를 경험했다. 이것은 후대에 이스라엘의 추방을 미리 보여주는 것이다. 아담/이스라엘은 어떻게 그들의 불순종을 극복하고 하나님이 계획하신 복으로 돌아갈 수 있는가?

제6장에서 제8장은 우리를 토라에 나오는 세 개의 시적 연설들로 데려간다. 이 시적 연설들은 창조 명령이 특별한 인물을 통하여 어떻게 회복되는지를 보여준다. 그 인물은 특정한 혈통에서 나오며 그의 대적의 머리를 상하게 할 것이다.

제9장에서는 율법의 여섯 가지 지배적인 기능, 즉 개인교사, 그림자, 신학, 사랑, 지혜, 검사로서의 기능을 설명함으로 "그러면 율법은 무엇인가?"(갈 3:19)라는 질문에 답할 것이다.

제10장은 시내산에서 주어진 613개의 계명 가운데 우리

가 만나는 고대의 율법들, 때때로 기괴한 율법들을 이해하는 방법을 알려줄 것이다.

이것은 우리를 **제11장**으로 인도할 것이다. 여기서 우리는 모세의 율법을 지키는 것이 불가능하다는 것을 알게 될 것이다. 우리는 어떻게 그것을 지키는 것이 불가능하게 되었는지와 랍비 현인들이 특히 "구전 율법"에 집중하면서 어떻게 이 민족적인 정체성의 위기에 대응했는지를 볼 것이다.

제12장에서 우리는 메시아닉 유대인이 된다는 것의 의미와, 우리와 율법 및 유대인 전통과의 관계를 살펴볼 것이다. 결론에서는 우리의 연구 결과를 요약하고 독자들에게 마지막 과제를 제시할 것이다.

우리가 정식으로 우리의 공부를 시작하기 전에, 우리는 이 책의 목적을 분명히 밝히고자 한다. 첫째, 우리는 믿는 자와 율법의 관계에 관한 질문에 답을 제시하기 위하여 이 책을 썼다. 1970년대 초부터 시작된 메시아닉 운동이 빠르게 확산되면서, 더 많은 믿는 자들이 단순하면서도 세상을 완전히 흔드는 두 가지 사실을 알게 되었다. 하나는 예수님이 유대인이라는 것이고, 다른 하나는 우리가 주의 깊게 구약을 연구하지 않으면 신약을 이해할 수 없다는 것이다. 이 두 가지의 발견으로 인하여 유대인과 이방인 모두에서 점점 더 많은 믿는 자들이 자신과 율법의 관계에 관한 질문들과 씨름하게 되었다.

둘째, 우리는 예슈아가 어떻게 토라의 목표가 되는지를 설명하기 위하여 이 책을 썼다. 일부 사람들은 신약의 몇 구절만 봐도 충분할 것이다. "모세를 믿었더라면 또 나를 믿었으리니 이는 그가 내게 대하여 기록하였음이라"(요 5:46). "그리스도는 모든 믿는 자에게 의를 이루기 위하여 율법의 마침(목표)이 되시니라"(롬 10:4). 우리는 이 구절들이 진리라는 것을 확신하지만, 우리는 모든 믿는 자들이 '이것이 어떻게 그러한가를 알기 위하여 날마다 성경을 살펴볼'(행 17:11) 필요가 있다고 생각한다. 예수님이 토라의 목표라고 말하는 것과 그것을 토라에서 증명하는 것은 완전히 별개의 문제다.

토라에는 메시아에 대한 예언이 몇 구절 정도 있을 뿐이다(창 3:15; 49:8-12; 민 24:7-9, 17-19; 신 18:15). 토라의 목표에 관한 우리의 결론이 수학적인 문제였다면, 우리는 율법이 토라의 목적이라고 쉽게 결론 내렸을 것이다. 왜냐하면 메시아를 가리키는 구절들은 매우 드물지만, 율법을 가리키는 구절들은 토라의 모든 구절 중에 거의 절반을 차지하기 때문이다. 그러나 토라는 시작부터 끝까지 단 하나의 이야기를 말하고 있으며, 그것은 소수의 구절만이 아니라 전체적으로 깊이 연관되어 있다. 우리가 토라의 이야기 구조를 많은 비슷한 이야기들 및 반복되는 주제들과 함께 살펴보면 우리는 계속해서 명백하게 메시아와 우리가 그분을 필요로 함을 가리키는 이정표들을 볼 수 있다.

이 책은 누구든지 읽을 수 있다. 우리는 예슈아가 약속된 메시아라는 것을 믿는 유대인들과 이방인들, 그리고 그 믿음을 갖지 않은 유대인들과 이방인들 모두가 이 책의 독자가 되기를 바라며, 이 책이 모든 독자들에게 새로운 발견의 여정이 되기를 바란다. 우리는 당신이 이 책의 마지막 부분을 읽을 때에 빌립과 이 책의 저자들과 함께 다음과 같이 선포할 수 있는 충분하고 만족스러운 증거를 찾게 되기를 진심으로 기대한다.

> 모세가 율법에 기록하였고
> 여러 선지자가 기록한 그이를 우리가 만났으니
> 요셉의 아들 나사렛 예수라
> 요한복음 1:45

1

토라는 율법 위반을 예상하고 있다

신약의 관점

바울은 로마서 10:4에서 메시아가 토라의 목표라고 했다. "그리스도는 모든 믿는 자에게 의를 이루기 위하여 율법의 마침(텔로스)이 되시니라."[5] 예슈아는 요한복음 5:46에서 종교지도자들이 모세를 믿지 않기 때문에 그들이 주님을 약속된 메시아로 받아들이지 않았다고 말씀하셨다. "모세를 믿었더라면 또 나를 믿었으리니 이는 그가 내게 대하여 기록하였음이라." 또한 예슈아는 마태복음 5:17에서 "내가 율법이나 선

---

5) '텔로스'라는 단어를 율법의 끝(즉, 의를 이루기 위한 끝)으로 번역할 것인가, 아니면 율법의 목표(즉, 율법이 의도한 목적지)로 번역할 것인가에 관한 논쟁이 있었다. 문맥을 보면 전자의 해석이 맞는 것 같지만, 두 해석 모두 의미가 있다.

지자를 폐하러 온 줄로 생각하지 말라[6] 폐하러 온 것이 아니요 완전하게 하려 함이라"[7]고 말씀하셨다. 히브리서 저자는 율법은 절대로 그 자체가 목표가 아니며, 오히려 그것은 하나님이 사람들을 메시아에게로 향하도록 의도하신 예배 체계를 규정한 것이라고 했다. 그는 성막에 관하여 이렇게 기록했다.

---

6) 문맥상 예슈아는 토라 전체를 말씀하신 것이고, 율법을 말한 것은 아니다. 이것은 주님이 "율법"을 "선지자"와 나란히 두신 것을 보면 확실하다('율법과 선지자'는 구약성경 전체를 가리키는 명칭이다 - 역자 주).

7) 히브리 뿌리 운동의 일부 사람들은 헬라어 본문의 문자적 의미가 아니라, 헬라어 본문 뒤에 있는 "진짜" 의미를 알기 위하여 헬라어를 예슈아의 모국어로 역번역(back-translate)하려는 시도를 한다. 이런 논리에 근거하여, 어떤 사람들은 예슈아가 오신 것은 토라를 "이루려"는 것이 아니라, "제대로 해석"하기 위해서라고 주장한다. 이런 학설에는 두 가지 심각한 결함이 있다. 첫째, 코이네 그리스어(헬라어)를 히브리어나 아람어로 역번역하는 것은 매우 어려운 것으로 잘 알려졌다. 모든 역번역은 추측의 영역이다. 두번째 결함은 첫번째 결함의 결과로, 성경 본문의 권위와 관련된다. 우리가 추측에 가까운 역번역을 바탕으로 성경 본문을 이해하면, 하나님의 말씀의 권위는 더 이상 성경 본문에 있지 않고, 그 역번역을 제공한 학자들에게 있게 된다. 요한복음은 하나님께서 예슈아의 승천 이후 그분의 영이신 성령님을 제자들에게 주셔서 그들에게 "모든 것을 가르치고 (주님께서 그들에게) 말한 모든 것을 생각나게 하리라"(요 14:26. 2:22; 12:16; 20:9를 보라)고 분명하게 가르치고 있다. 제자들이 예슈아의 가르침을 보존하기 위하여 하나님의 영으로 특별히 기름 부음을 받았기 때문에, 그들이 예슈아의 말씀을 헬라어로 번역한 것은 (성령님의 - 역자 주) 영감으로 된 것이며, 그러므로 그것은 믿음과 행함에 있어서 온전히 권위 있고 신뢰할 수 있는 것이다.

^{8}성령이 이로써 보이신 것은 첫 장막이 서 있을 동안에는 성소에 들어가는 길이 아직 나타나지 아니한 것이라 ^{9}이 장막은 현재까지의 비유니 이에 따라 드리는 예물과 제사는 섬기는 자를 그 양심상 온전하게 할 수 없나니 ^{10}이런 것은 먹고 마시는 것과 여러 가지 씻는 것과 함께 육체의 예법일 뿐이며 개혁할 때까지 맡겨 둔 것이니라

히브리서 9:8-10 (10:1을 참조하라)

신약 성경은 메시아가 토라 전체, 특히 율법의 목표이자 성취라고 가르친다. 예슈아와 바울과 히브리서 기자는 어떻게 그러한 결론에 이르게 되었는가? 그들의 결론은 토라의 문법적 · 역사적 해석에 기반한 것인가,[8] 아니면 오직 신약 성경의 관점에서 토라를 읽음으로 그러한 해석에 이를 수 있는 것인가? 토라에 나오는 메시아에 관한 구절들이 토라 전체 구절의 0.5%도 안 된다는 것을 감안하면 이런 질문들은 상당히 의미 있는 것이다. 우리는 신약 성경의 저자들이 토라에 추가적인 의미를 부여한 것이 아니며, 사실은 성령께서 모세를 통해 토라를 기록할 때 의도한 원래의 의미를 이해한 것

---

8) 즉, 원저자가 의도한 의미의 문자적 해석.

이라고 생각한다(이것을 '주석'이라고 한다).[9]

조상들의 행위는 자손들의 표징

만약 토라의 궁극적인 목적이 이스라엘에게 율법을 주고 그것을 지키도록 하는 것이라면, 우리는 토라의 서론이나 결론(창 1-11장; 신 29-34장)에서 이 목표를 보여주는 내용을 찾을 수 있을 것이다. 왜냐하면 성경 문학은 보통 서론이나 결론에 주요 주제나 책 전체의 목적을 담고 있기 때문이다.

창세기 1-11장의 목적 및 의미와 토라의 서론으로서의 역할을 이해하기 위하여 창세기 이야기에 나오는 공통된 문학적 특징을 살펴보자. 랍비들은 이것을 "마아세 아봇, 시만 레바님"(ma'asei avot, siman l'banim)이라고 하는데 이것은 "조상들의 행위는 자손들의 표징이다"라는 뜻이다. '마아세 아봇, 시만 레바님'이 의미하는 것은, 모세가 조상들에 대한 이야기를 기록한 목적이 우리에게 그 조상들(및 그들 이전에 있던 사람들)에 대하여 말하려는 것만이 아니라, 앞으로 그 조상들의

---

9) 주석은 독자가 본문의 문법적·역사적 의미를 찾는, 더 구체적으로는, 본문의 역사적 저자가 의도한 의미를 찾는 해석의 과정이다.

후손들(즉, 이스라엘 민족)에게 일어날 일들을 말하려는 것이었다는 뜻이다. 일부 학자들이 이 히브리어 표현을 사용하지만, 다른 학자들은 이 문학적 특징을 서술적 모형론(narrative typology) 또는 문학적 유비(literary analogy, 우리가 선호하여 사용하는 표현)라고 말한다. 어떤 사람들은 우리가 토라 이야기의 의미에 관한 우리 자신의 결론에 이르기 위하여 알레고리적 해석을 따른다고 비판할 수도 있지만, 실제로는 그렇지 않다. 문학적 유비는 실제적인 것이며 본문 자체에서 알 수 있는 특징으로, 고대와 현대의 유대인 및 기독교 주석가들도 인정하는 것이다. 한 본문이 다른 본문에 대한 유비 또는 예표로서 의도적으로 기록되었다고 말할 수 있는, 일반적으로 받아들여지고 인정된 기준들이 있다. 그것은 (1) 공통된 단어들과 구절들(어휘의 유사성), 그리고 (2) 공통된 줄거리(주제의 유사성)이다.[10]

예를 들면, 창세기 43:1에서 출애굽기 12:38까지 이스라엘의 출애굽에 대한 토라의 설명에 나오는 핵심적인 단어, 문구, 주제가 다른 곳에서 반복해서 나오는 곳은 오직 창세기

---

[10] 우리가 사용하는 세 번째 기준도 있는데, 그것은 해석의 역사다. 즉, 해석의 역사 속에서 한 이야기가 다른 이야기를 예표하거나, 한 이야기가 이전의 다른 이야기를 염두에 두고 기록되었다는 것을 인식한 사람들을 찾는 것은 엄청난 도움이 된다.

12:10-13:2뿐이다. 이것은 이스라엘의 출애굽이 독자들에게 아브라함에게 일어난 일을 생각나게 하도록 의도적으로 기록된 것임을 보여준다. 우리는 두 이야기에서 다음과 같은 공통점을 발견할 수 있다.

(1) "심한 기근"(창 12:10; 43:1)
(2) 이집트로 내려감(창 12:10; 46:6)
(3) 남자들의 생명을 위협하는 상황, 여자들에게는 일어나지 않음(창 12:12; 출 1:16)
(4) 바로를 섬기는 일을 위하여 "붙잡힘"(창 12:15; 출 1:11)
(5) 이집트 사람들에게 재앙이 내림(창 12:17; 출 7-12장)
(6) 재앙으로 인하여 이집트에서 추방됨(창 12:20; 출 12:33)
(7) 많은 재산을 가지고 이집트에서 떠남(창 12:16; 13:2; 출 12:35, 38).

아브람과 사라가 심한 기근으로 이집트에 거류한 일, 하나님이 바로의 집을 재앙으로 치신 일, 많은 재물을 가지고 이집트에서 "출애굽"한 일(창 12:10-13:2)의 이야기는 아브람과 사라에게 일어난 일들을 말하는 것만이 아니라, 400년 후에 이스라엘에게 일어날 일(창 43:1-출 12:38)을 미리 보여주신 것이었다.

문학적 유비(마아세 아봇)의 또 다른 예는 노아의 이야기다. 그는 의도적으로 모세를 예표하는 인물이다. 영어 성경을 읽은 사람들은 하나님이 노아와 그의 가족을 물로 인한 죽음에서 방주(히브리어 '테바', 창 6:14)로 구원하셨다는 것을 알지만, 모세도 물로 인한 죽음에서 방주(히브리어 '테바', 출 2:3, 5)로 구원받았다는 사실을 알면 놀랄 것이다. ESV 성경은 출애굽기 2:3, 5의 테바를 "바구니"로 번역했지만, 이것은 분명히 예외적인 것이다. 왜냐하면 토라에서 이곳 이외의 모든 곳에서 테바는 항상 "방주"를 의미하기 때문이다(창 6:14-16, 18-19; 7:1, 7, 9, 13, 15, 17-18, 23; 8:1, 4, 6, 9-10, 13, 16, 19; 9:10, 18). 게다가 ESV에서 이곳 외에 "바구니"가 사용된 모든 구절에는 다른 히브리어가 사용되었다. 창세기에서 민수기까지 나오는 바구니는 히브리어로 '살'(창 40:17; 출 29:3, 23, 32; 레 8:2, 26, 31; 민 6:15, 17, 19)이고, 신명기에서는 '테네'(신 26:2, 4; 28:5, 17)가 사용되었다. 모세가 두 이야기를 의도적으로 연결시키려는 것이 아니었다면, 그가 바구니라는 의미에 적합한 두 개의 히브리어 단어를 사용하지 않고 다른 곳에서 노아의 방주를 가리키는 것으로만 사용된 단어를 사용한 이유가 무엇인가? 두 이야기에서 이 방주들이 방수 처리가 되었다는 점(창 6:14; 출 2:3)과 중요한 인물이 물에 빠져 죽지 않도록 보호하는 일에 사용되었다는 공통점을 고려하면 이 연결의 의도가 훨씬 더 분명하게 보인다. 놀라운 것은 오직 노아와 모세만이 하나님으로부터 구속과 관련된 의미 있는 구조의 건축 설계도를 받았다는 것이다(창 6:14-16; 출 25-31장). 하나님의 구속적인 목적(창 5:29)에서 노아의 중요성은 의도적으로 이스라엘의 구속자로서의 모세의 역할(출 3:10)을 예표한 것이다.

아브라함이 이집트에서 거류한 것과 마찬가지로 노아가 죽음의 물에서 건짐을 받은 것은 장차 일어날 일의 표징으로서 기록된 것이다. 마찬가지로 아담과 하와의 이야기도 이스라엘의 미래를 염두에 두고 기록된 것이다.[11] 즉, 우리는 아담에 관하여 읽음으로 장래에 이스라엘에게 일어날 일도 알 수 있는 것이다. 그래서 우리는 이스라엘을 염두에 두고 창세기의 처음 세 장의 대략적인 줄거리를 살펴보겠다.

---

11) 성경도 그렇게 말하고 있다.

아담과 하와에서 이스라엘까지

창세기 1:28에서, 하나님은 (1) 아담과 하와를 **축복하시고** (2) 그들에게 **생육하라**고 하시고 (3) **땅**을 정복하라고 하셨다.[12] 하나님께서 아브라함에게 하신 약속(창 12:1-3)의 중요한 요소들, 즉 복, 씨(자손), 땅이 이 구절에 들어 있는 것에 주목하라. 이후에 창세기에서 하나님께서 아브라함과 그의 자손들에게 하신 약속들에는 이 **창조 명령**의 세 가지 요소, 복, 씨(자손), 땅을 정복하는 것 모두가 포함되어 있다(창 14:18-15:18; 26:2-4; 35:9-12; 참고: 출 1:7; 민 32:22, 29).

창세기 2장에서, 하나님은 아담을 위하여 매우 특별한 땅(동산)을 준비하시고 그를 그 안으로 데리고 가셨다. 아담이 계속해서 이 동산에서의 삶을 누리는 것은 그가 이 몇 가지 계명을 지키는가에 달려 있었다. "생육하라", "땅을 정복하라", "선과 악의 지식의 나무로부터 먹지 말라"(창 1:28; 2:17). 창세기 3장에는, 아담과 하와를 미혹한 동산의 "주

---

12) 땅에 해당하는 히브리어 '에레쯔'는 창 1:28에서 대부분 "세상"(world)으로 번역되었고, 토라의 영어 번역에서는 "땅"으로 가장 많이 번역되었다. 예를 들면, '에레쯔'는 토라에서 845번 사용되었는데, ESV 성경은 이 단어를 "세상"(earth)으로 159번, "땅"(land)으로 642번 번역했다.

민"인 뱀이 나온다. 아담과 하와는 뱀을 정복해야 했으나(창 1:28), 오히려 그들이 뱀에게 정복당했다. 그들은 하나님의 명령에 불순종하여, 그 결과 동산에서 쫓겨나게 되었다. 그들이 쫓겨난 방향은 동쪽이었으며, 그들의 후손도 결국 동쪽으로 끌려가서 바벨론에 살게 되었다(창 11:2, 9).

이 이야기를 어디서 읽어본 것 같지 않은가? 아담의 이야기는 여호수아서에서 열왕기서에 이르는 이스라엘의 이야기가 되었다. 하나님은 이스라엘에게 복을 주시고 그들이 생육하게 하셨다. 하나님은 그들에게 몇 개만이 아니라 613개의 계명을 주셨다. 하나님은 그들에게 가나안 땅을 주셔서 그들이 그 땅을 정복하고 그곳의 주민들을 물리치도록 하셨다. 그들이 그 땅에 사는 것은 그들이 율법을 지키는가에 달려 있었다. 그들은 아담처럼 계명을 어기고 동쪽으로, 바벨론으로 추방되었다.

창세기 1-11장의 궁극적인 목적이 이스라엘이 율법을 지키도록 격려하고 경고하는 것이라면, 이 서론이 그 목표를 달성한 것이라고 보기는 어렵다. 아담과 하와는 완벽한 세상에 살았다. 그들이 동산에서 계속해서 사는 것은 613개의 계명이 아니라 오직 몇 개의 계명을 지키는 것에 달려 있었다. 아담과 하와는 이 세상에서 최고의 조건 속에 살고 있었지만 그들에게 주어진 유일한 "하지 말라"는 법을 어겨서 결과적으로 추방당하여 죽게 되었다. 아담과 하와가 완벽한 세상에서 단지 몇 개의 계명 중에 하나를 지키는데 실패한 이야기를 하는 것이, 어떻게 이스라엘에게 타락한 세상에서 613개의 계명을 지키도록 권하는 것이 되는지 결코 명확하지 않다. 사실 그 이야기는 전혀 도움이 되지 않는다! 우리가 "조상들의 행위는 자손들에 대한 표징"(마아세 아봇, 시만 레바님)이라는 원리를 생각하면, 아담의 이야기는 이스라엘이 아담의 발자취를 따르지 않도록(즉, 율법을 지키도록) 경고하려는 것이 아니다. 오히려 아담의 이야기는 이스라엘이 아담이 걸어간 길을 따라갈 것을 예언적으로 보여주려는 것이었다. "이스라엘아, 너희는 아담과 같이 될 것이다. 너희는 그 땅에 들어갈 것이고, 가나안 족속에게 미혹을 받아 그들의 길을 따라서, 너희가 율법을 어기고, 그로 인하여 너희는 추방될 것이다!"[13]

---

13) 어떤 사람은 우리의 의견에 반대하며 하나님께서 이스라엘에게 율법을 주시기 전에 그들이 그것을 어길 것을 알면서도 그것을 주신 것이 불합리하다고 주장할 수도 있다. 그런데 그 똑같은 주장이 하나님께서 동산에 있는 아담과 하와에게 주신 명령에도 쉽게 적용될 수 있다. 하나님께서는 당연히 아담과 하와에게 계명을 주시기 전에 그들이 그것을 어길 것을 알고 계셨다. 마찬가지로, 하나님께서는 이스라엘을 이집트에서 이끌어 내시기 전에 그들이 금송아지를 숭배할 것을 아셨다. 하나님께서 세상을 구원하시려는 은혜로운 계획은 인류가 불순종할

마지막은 처음을 되풀이 한다

우리가 토라의 결론(신 29-34장)을 보면, 서론에서 볼 수 있는 것과 정확히 같은 관점을 보게 된다. 모세는 이스라엘이 율법을 지킬 것이라고 생각하지 않았다. 그는 이스라엘이 율법을 어기고 추방당할 것을 예상했다.

모세는 광야에서 이스라엘과 함께 40년을 보내면서, 이스라엘이 시내산 언약을 맺는 순간 그것을 어긴 것(출 32장)과 그들이 계속해서 불평하는 일(출 15:24; 16:2, 7-8; 17:3; 민 11:1; 14:2, 27, 29, 36; 16:11; 17:5, 10)과 그들이 믿지 않는 일(민 14:11; 20:12; 신 1:32; 9:23)을 경험했다. 그는 이런 경험을 통하여 이스라엘이 그 땅에서 누리는 삶이 짧을 것이라는 결론에 이르게 되었다. 모세는 토라의 결론 부분에서 이스라엘이 시내산 언약을 어기고 추방당함으로 확실하게 아담의 이야기를 되풀이할 것이라고 예언했다.

내가 네게 진술한 모든 복과 저주가 네게 임하므로
네가 네 하나님 여호와로부터 쫓겨간 모든 나라 가운데서

때 시작된 것이 아니다. 오히려, 하나님은 창세 전에 어린 양으로 세상을 구원하실 것을 계획하셨다(계 13:8).

이 일이 마음에서 기억이 나거든

　신명기 30:1

¹⁶또 여호와께서 모세에게 이르시되 너는 네 조상과 함께 누우려니와 이 백성은 그 땅으로 들어가 음란히 그 땅의 이방 신들을 따르며 일어날 것이요 나를 버리고 내가 그들과 맺은 언약을 어길 것이라

¹⁷내가 그들에게 진노하여 그들을 버리며 내 얼굴을 숨겨 그들에게 보이지 않게 할 것인즉 그들이 삼킴을 당하여 허다한 재앙과 환난이 그들에게 임할 그 때에 그들이 말하기를 이 재앙이 우리에게 내림은 우리 하나님이 우리 가운데에 계시지 않은 까닭이 아니냐 할 것이라

¹⁸또 그들이 돌이켜 다른 신들을 따르는 모든 악행으로 말미암아 내가 그 때에 반드시 내 얼굴을 숨기리라

¹⁹그러므로 이제 너희는 이 노래를 써서 이스라엘 자손들에게 가르쳐 그들의 입으로 부르게 하여 이 노래로 나를 위하여 이스라엘 자손들에게 증거가 되게 하라

²⁰내가 그들의 조상들에게 맹세한 바 젖과 꿀이 흐르는 땅으로 그들을 인도하여 들인 후에 그들이 먹어 배부르고 살찌면 돌이켜 다른 신들을 섬기며 나를 멸시하여 내 언약을 어

기리니

²¹그들이 수많은 재앙과 환난을 당할 때에 그들의 자손이 부르기를 잊지 아니한 이 노래가 그들 앞에 증인처럼 되리라 나는 내가 맹세한 땅으로 그들을 인도하여 들이기 전 오늘 나는 그들이 생각하는 바를 아노라

신명기 31:16-21

¹³여호와께서 그가 땅의 높은 곳을 타고 다니게 하시며 밭의 소산을 먹게 하시며 반석에서 꿀을, 굳은 반석에서 기름을 빨게 하시며

¹⁴소의 엉긴 젖과 양의 젖과 어린 양의 기름과 바산에서 난 숫양과 염소와 지극히 아름다운 밀을 먹이시며 또 포도즙의 붉은 술을 마시게 하셨도다

¹⁵그런데 여수룬이 기름지매 발로 찼도다 네가 살찌고 비대하고 윤택하매 자기를 지으신 하나님을 버리고 자기를 구원하신 반석을 업신여겼도다

¹⁶그들이 다른 신으로 그의 질투를 일으키며 가증한 것으로 그의 진노를 격발하였도다

¹⁷그들은 하나님께 제사하지 아니하고 귀신들에게 하였으니 곧 그들이 알지 못하던 신들, 근래에 들어온 새로운 신들 너

희의 조상들이 두려워하지 아니하던 것들이로다

¹⁸너를 낳은 반석을 네가 상관하지 아니하고 너를 내신 하나님을 네가 잊었도다

¹⁹그러므로 여호와께서 보시고 미워하셨으니 그 자녀가 그를 격노하게 한 까닭이로다

²⁰그가 말씀하시기를 내가 내 얼굴을 그들에게서 숨겨 그들의 종말이 어떠함을 보리니 그들은 심히 패역한 세대요 진실이 없는 자녀임이로다

²¹그들이 하나님이 아닌 것으로 내 질투를 일으키며 허무한 것으로 내 진노를 일으켰으니 나도 백성이 아닌 자로 그들에게 시기가 나게 하며 어리석은 민족으로 그들의 분노를 일으키리로다

신명기 32:13-21

모세가 토라의 마지막에서 이스라엘의 불순종과 추방에 대하여 너무나 확실하게 예언한 것은 아담의 이야기가 장래에 이스라엘의 불순종을 염두에 두고 기록되었다는 것을 말해준다.

실패는 보장되었다

어떤 사람들은 모세가 이스라엘에게 여러 번 율법을 지키라고 말한 것을 지적하며 이의를 제기할 수도 있다. 모세가 이스라엘에게 율법을 지키라고 한 것과, 그가 이스라엘이 율법을 지키지 않을 것이라고 예언한 이 두 가지 사실을 우리는 어떻게 받아들여야 하는가? 우리는 이런 순종을 요구하는 것과 불순종에 대한 확신 사이의 갈등과 비슷한 상황을 아마도 예레미야서에서 찾아볼 수 있을 것이다. 예레미야는 자신이 예레미야서 전체에 걸쳐서 수없이 말한 율법을 지키라는 경고에 이스라엘이 귀 기울이지 않을 것이라고 생각했다(렘 1:1-3). 예를 들면, 예레미야는 이스라엘에게 율법을 지킬 것을 간절히 요구하면서 그렇지 않으면 예루살렘이 불탈 것이라고 했다(렘 17:21-22, 24, 27). 그러나 또한 예레미야서는 이스라엘이 순종하지 않는다는 것을 확실히 보여주고 있다. 그래서 우리는 이 책의 마지막(렘 52:13)에서 이스라엘이 불태워져 멸망당하는 것을 읽을 수 있다. 율법을 지키라는 예레미야의 지속적인 경고는 책 전반에 걸쳐 나오고 (바벨론으로) 추방되기 전에 주어졌다. 이것은 이스라엘의 실패와 책의 마지막에 나오는 그들의 추방과 짝지어져서, 이 책의 메시지와 신학을 더 분명하게 보여주는데 도움을 주고 있다. 예레미야서의 궁극적인 목적은 이스라엘이 율법을 지키게 하여 그들이 추방당하지 않도록 하는 것이 아니다. 이 책의 궁극적인 목적은 하나님께서 이스라엘의 불순종에도 불구하고 어떻게 메시아와 새 언약(렘 30-33장)을 통해서 은혜로 그들을 구원하시는지를 우리에게 알리려는 것이다. 이런 사실을 통해서 우리는 토라의 궁극적인 목표를 더 분명하게 이해할 수 있다. 이스라엘은 계속해서 율법을 지키라는 말씀을 들었고, 그들에게는 순종에 대한 복이 약속되었다. 그러나 하나님은 그들의 실패가 확실함에도 불구하고 메시아의 오심을 통해서 은혜로 그리고 무조건적으로 이스라엘에게 복 주실 것을 약속하셨다.

토라의 서론과 결론이 예언적으로 이스라엘이 율법에 불순종할 것을 당연한 일로 말하기 때문에, 토라의 목적이 이스라엘이 율법을 지키게 하려는 것이라고는 보기 힘들다. 토라의 궁극적인 목표는 이스라엘을 율법**으로** 인도하는 것이 아니라, 오히려 이스라엘을 그들이 어긴 율법**을 통하여**, 그들이 깨뜨린 언약을 통하여 그 너머로 인도하는 것과 관련하여 생각해야 한다.

2

믿음의 실패는 죽음으로 이어진다

만약 토라의 목표가 율법이라면, 모세는 왜 전략적으로 이스라엘에게 율법이 주어진 후에 그들의 믿음 없음과 죽음을 강조한 것인가? 사도 바울은 "율법은 진노를 이루게 하나니 율법이 없는 곳에는 범법도 없느니라"(롬 4:15)고 했다. 고린도후서 3:6-7에서 그는 시내산 언약이 "죽게 하는 직분"이라고 말했다. 로마서 10:3-8에서 바울은 율법으로 말미암는 의에 대하여 말했는데 그것은 믿음으로 말미암는 의와 반대되는 것이다.

바울은 어떻게 이런 말을 할 수 있었는가? 그 답은 간단하다. 그는 토라를 묵상함으로 그런 말을 할 수 있었다. 바울이 사용한 토라를 이해하는 방법은 토라 자체를 자세히 읽는 것에서 시작된다. 흔히 믿는 사람들은 오직 신약 성경을 통해서만 타나크(즉, 히브리어 성경)를 이해할 수 있다고 생각한다. 우리는 이 공식이 반대로 되어야 한다고 생각한다. 오직 우리가 타나크의 의미에 세심한 주의를 기울일 때에만 신약 성경을 이해할 수 있다.

이제 우리는 율법이 주어지는 이야기(출 19:1–민 10:10)를 더 큰 문학적 맥락에서 살펴보면서, 본문에 있는 두 가지의 매우 놀랄 만한 세부 사항에 주목할 것이다. 첫째, 이스라엘이 시내산에서 하나님을 경험한 일은 그 정해진 목적, 즉 믿음의 응답을 얻지 못했다. 둘째, 이스라엘에게 율법이 주어진 후에, 그들이 그것을 어긴 결과는 죽음이었다.

토라와 같은 규모의 책을 온전히 이해하는 것은 쉬운 일이 아니다. 토라를 온 세상의 창조에서 모세의 느보산에서의 죽음까지를 다루는 하나의 매우 큰 이야기로서, 다음과 같이 여섯 개의 시대 또는 이야기의 부분들로 이루어진 것으로 생각하면 도움이 될 것이다.[14]

---

14) 우리가 토라를 큰 이야기의 부분들로 나눈 것은 토라의 문학적 구조의 실제적인 특징을 개괄적으로 보고 그것을 기반으로 구분한 것이다.

(1) 원시 역사(창 1-11장)

(2) 족장들의 이야기(창 12-50장)

(3) 출애굽 이야기(출 1:1-15:21)

(4) 시내산으로 향하는 광야 이야기(출 15:22-18:27)와 그곳에서 떠나는 광야 이야기(민 10:11-36:13)[15]

(5) 시내산 이야기(출 19:1-민 10:10)

(6) 모압 땅에서의 모세의 토라 설교(신 1-34장)

의로운 믿음과 믿음 없는 불평

우리가 토라를 전체적으로 읽어 보면, 믿음이 많이 나오지는 않지만 그것이 토라 전체의 구조와 관련하여 전략적으로 언급되는 것을 볼 수 있다.[16] 첫 번째 이야기(창 1-11장)를 제외한 모든 곳에서 "믿다"라는 표현이 이야기 구성의 핵심적

---

15) 시내산 이전과 이후의 광야의 이야기들을 두 개의 다른 이야기로 볼 수 있지만, 시내산에서의 이야기를 위한 두 이야기의 문학적 구성으로서의 역할을 고려하면 그 목적은 동일하다고 봐야 한다.

16) John H. Sailhamer, *Pentateuch as Narrative* (Grand Rapids: Zondervan, 1992), 59-62.

인 순간들에 등장한다.[17] 그 핵심적인 순간들은 우리에게 많은 것을 이야기해 준다.

족장들의 이야기 가운데 틀림없이 가장 중요한 단 하나의 이야기인 아브라함이 언약을 맺는 부분에서, 우리는 아브라함의 믿음에 관한 유명한 구절(창 15:6)이 하나님이 주신 하나의 씨의 약속(창 15:1-5)과 땅의 약속(창 15:7-18) 사이에 위치한 것을 볼 수 있다. "아브람이 여호와를 믿으니 여호와께서 이를 그의 의로 여기시고."

다음 부분인 출애굽 이야기(출 1:1-15:21)는 그 시작과 끝에 이스라엘의 믿음에 대한 내용이 기록되어 있다. 우리는 모세와 아론이 하나님의 계획을 알리기 위하여 처음으로 이집트에 있는 이스라엘의 장로들과 백성들을 모았을 때에, 그 백성이 "믿으며"(출 4:31) 그들이 머리 숙여 경배했다는 것을 읽을 수 있다. 마찬가지로, 우리는 출애굽 이야기의 마지막에서, 온 회중이 찬송의 노래를 부르기(출 15장) 전에, 그 백성

---

17) 태고 이야기(창 10-11장)에서 "믿음"이 언급되지 않았지만, 모세는 에녹과 노아가 "하나님과 동행하였다"는 사실을 강조했다(창 5:22, 24; 6:9). 이 믿음-동행은 나중에 아브라함의 삶을 묘사할 때 사용된다(창 13:17; 17:1; 24:40). 에녹과 노아가 하나님과 "동행"한 것이 그들을 죽음에서 구했고(노아의 경우에는 일시적이었지만), 그것이 노아의 의로움을 빛나게 했다(창 6:9).

이 홍해를 건너는 이적에 대하여 믿음으로 반응한 것을 읽을 수 있다. "이스라엘이 여호와께서 애굽 사람들에게 행하신 그 큰 능력을 보았으므로 백성이 여호와를 경외하며 여호와와 그의 종 모세를 믿었더라"(출 14:31).

다음 이야기 부분인 시내산**으로** 향하는 광야의 이야기(출 15:22-18:27)에서 몇 가지 언급할 부분이 있다. (나중에 이스라엘이 시내산**으로부터** 떠나는 여정과 이 부분을 비교하여 볼 것이다.) 우리는 이 부분에서 이스라엘이 이집트에서 하나님을 경험한 그 감동이 그리 오래 지속되지 않는 것을 본다. 바로 전에 하나님께서 홍해의 물에 기적적인 권능을 보이셨지만, 이스라엘은 물이 없는 것에 대하여 불평하는 믿음 없는 행동을 했다(출 15:22-27). 이스라엘이 시내산에 이를 때까지 그들의 불평이 조금도 수그러들지 않았지만(출 15:24; 16:2, 7-8; 17:3), 하나님은 인내하시며 은혜로 그들을 아말렉에게 이기게 하시고 그분의 우레와 같은 임재로 인도하셨다. 그러나 놀랍게도 이 부분에서 믿음은 찾아볼 수 없다.[18]

---

18) 시내산**으로** 향하는 광야의 이야기(출 15:22-18:27)에 "믿음"이라는 주제가 나오지 않는 것은 전략적인 것으로 보인다. 왜냐하면 그것으로 인하여 독자들의 마음에 "왜 믿음의 표현이 나오지 않는가?"라는 의문이 들기 때문이다. 대신 우리가 볼 수 있는 것은 계속되는 불평이다(출 15:24; 16:2, 7-8; 17:3).

그 다음에 믿음에 대하여 언급하는 곳은, 토라의 이야기들 중 가장 큰 부분이자 다섯 번째인 시내산 이야기(출 19:1-민 10:10)의 도입부다. 이제 율법이 주어지는 때가 왔다. 주님은 새롭고 극적인 방법으로 백성에게 나타나실 것이다. 이제 우리는 이스라엘이 산에서 하나님을 만날 때에 하나님께서 그들에게 원하시는 반응이 믿음이라는 것을 본다. "여호와께서 모세에게 이르시되 내가 빽빽한 구름 가운데서 네게 임함은 내가 너와 말하는 것을 백성들이 듣게 하며 또한 너를 영영히 믿게 하려 함이니라 모세가 백성의 말을 여호와께 아뢰었으므로"(출 19:9).[19] 여기서 하나님은 모세에게 자신이 시내산에서 이스라엘에게 극적인 모습으로 나타나신 목적을 매우 분명하게 설명하셨다. 그것은 그 백성으로 하여금 "믿게 하려는" 것이었다. **하나님께서 이스라엘 백성의 시내산 경험에 대하여 그들에게 기대하신 적절한 응답은 믿음이었다.**

우리는 이스라엘의 믿음을 기대하며 계속해서 이 이야기를 읽어 나간다. 그러나 우리는 이것과 정반대인, 그들의 믿지 않음과 죽음이라는 내용을 접하고 매우 놀라게 된다. 다음

---

19) 이 구절에는 모세를 믿게 한다고 나오지만, 더 큰 문맥을 보면 모세가 하나님에 관하여 말한 것을 이스라엘이 믿고 순종함으로 하나님에 대한 믿음을 보인 것이 확실하다(출 4:1, 9, 31; 특히 14:31을 보라).

의 이야기인 시내산**으로부터** 약속의 땅으로 가는 광야의 이야기(민 10:11-36:13)에서 이스라엘 백성은 믿지 않는다. "여호와께서 모세에게 이르시되 이 백성이 어느 때까지 나를 멸시하겠느냐 내가 그들 중에 많은 이적을 행하였으나 어느 때까지 나를 믿지 않겠느냐"(민 14:11). 그리고 우리는 모세와 아론조차도 그들의 믿지 않음으로 인하여 약속의 땅에 들어갈 수 없게 되었다는 것에 충격을 받는다. "여호와께서 모세와 아론에게 이르시되 너희가 나를 믿지 아니하고 이스라엘 자손의 목전에서 내 거룩함을 나타내지 아니한 고로 너희는 이 회중을 내가 그들에게 준 땅으로 인도하여 들이지 못하리라 하시니라"(민 20:12).

이스라엘의 믿음 없음이 이 줄거리에서 너무나 중요한 것이기 때문에 모세는 이것을 회상하면서 신명기(토라의 마지막 이야기 부분)에서 이스라엘이 믿지 않았다는 것을 우리에게 두 번이나 이야기한다!

> 이 말에도 불구하고 너희가 너희의 하나님
> 여호와를 믿지 않았다
> 　신명기 1:32 ESV 성경

> 여호와께서 너희를 가데스 바네아에서 떠나게 하실 때에 이르시기를 너희는 올라가서 내가 너희에게 준 땅을 차지하라 하시되 너희가 너희의 하나님 여호와의 명령을 거역하여 믿지 아니하고 그 말씀을 듣지 아니하였나니
>
> 신명기 9:23

분명 하나님은 그분의 백성으로부터 믿음의 응답을 원하셨다. 하나님은 그들이 믿게 하려고 그들을 위하여 역사하셨다.

놀라운 것은, 토라 전체에서 "믿음"과 "의"라는 두 단어가 함께 언급된 것이 단 두 번뿐이라는 점이다. 먼저, 창세기 15장에서 "믿음"이 나오고 그 결과로 "의"를 발견할 수 있다(창 15:6). 그러나 애석하게도 신명기 9장에서는 "믿지 않음"(신 9:23)이 나오고 그 결과로 "의"(신 9:4-6)가 나오지 않는다.[20]

여기서 잠시 멈춰서 토라에서 믿음과 믿음 없음이 의미하

---

[20] 바울이 율법으로 인한 의와 믿음으로 인한 의를 비교하면서 롬 10:6("네 마음에… 말하지 말라")에서 신 9:4("네가 심중에 이르기를… 하지 말라")의 첫 부분을 인용한 것은 당연하다. "모세가 기록하되 율법으로 말미암는 의를 행하는 사람은 그 의로 살리라 하였거니와 믿음으로 말미암는 의는 이같이 말하되 네 마음에… 말하지 말라"(롬 10:5-6). 바울은 신 9:4를 인용함으로 그의 독자들이 이스라엘이 율법 아래에서 의를 얻지 못한 것은 그들에게 믿음이 없었기 때문이라는 것을 깨닫기를 원했다!

는 바를 생각해 보자. 율법이 주어지기 전에 믿음이 있었다. 시내산 이야기의 도입 부분인 출애굽기 19:9에서 이스라엘이 시내산에서 하나님께 보여야 할 반응은 믿음이었다. 우리는 이스라엘이 시내산에서 율법을 받으면 하나님께 믿음으로 응답했을 것이라고 생각하지만(즉, 율법 아래의 믿음), 그들은 믿음을 보이지 못했다. 이스라엘이 시내산에서 1년 내내 하나님을 경험했음에도 불구하고 그들은 믿지 않았다. 그것의 직접적인 결과로, 그들은 믿음을 보인 아브라함과 달리 의를 얻지 못했다(신 9:4-6). 그로 인하여 그들은 약속의 땅에 들어가는 것이 허락되지 않았다(민 14:11; 20:12; 신 1:32; 9:23).

시내산 이전과 이후

이스라엘이 율법을 받은 결과가 믿음이 아니라면 무엇인가? 그것은 이스라엘이 시내산**으로** 향하는 광야 여정(율법 수여 이전)과 시내산**에서** 떠나는 광야 여정(율법 아래)을 비교해 보아야만 알 수 있다. 이 두 개의 광야 여정, 즉 율법이 주어지기 **전과 후**의 이야기는 율법을 받는 이야기의 앞뒤에 배치되어 있다.

이스라엘이 시내산**으로** 향하는 광야의 여정과 그들이 시내산**에서** 떠나 약속의 땅으로 가는 광야 여정 사이에는 비슷한 점이 많다.[21]

(1) 이스라엘이 3일의 여정 후에 불평을 하고(출 15:22, 24; 민 10:33; 11:1), 남은 여정 동안 불평이 계속된다(출 15:24; 16:2, 7-8; 17:3; 민 14:2, 27, 29, 36; 16:11; 17:5, 10).
(2) 이스라엘이 이집트의 음식을 간절히 원한다(출 16:3; 민 11:4-5).
(3) 하나님께서 만나와 메추라기를 공급하신다(출 16:4-26; 민 11:6-35).
(4) 안식일에 대한 명령을 어긴다(출 16:27; 민 15:32).
(5) 이스라엘이 모세와 다투면서 왜 우리를 이집트에서 데리고 나왔냐며 따진다(출 17:2-3; 민 20:3-5, 13).
(6) 이스라엘이 그들 가운데 계신 하나님에 대하여 의문을 갖는다(출 17:7; 민 11:20).
(7) 이스라엘의 불평으로 하나님께서 반석에서 물을 공급

---

[21] John H. Sailhamer, *Meaning of the Pentateuch* (Downers Grove, IL: InterVarsity Press, 2009), 366.

하신다(출 17:6; 민 20:10-11).

(8) 이스라엘이 아말렉과 싸운다(출 17:8-16; 민 14:43-45).

(9) 이스라엘 백성이 모세에게 너무나 큰 짐이 되어 그 짐을 함께 질 지도자들을 임명해야 한다(출 18:18-22; 민 11:14, 16).

율법이 주어지기 전과 후에 이스라엘의 행동은 거의 똑같았지만, 그 결과는 상당히 달랐다.

(1) 율법을 받기 전에 이스라엘은 아말렉에게 승리하지만, 그들이 율법을 받은 후에는 아말렉에게 패한다(출 17:13; 민 14:43-45).
(2) 모세는 율법을 받기 직전에 장인 이드로가 문제점을 지적할 때까지 자신의 부담에 대하여 불평하지 않는다(출 18:18-22). 그러나 그가 시내산을 떠나자마자 동일한 문제에 직면하자, 그는 하나님께 자신을 죽여달라고 구한다(민 11:14-15).
(3) 시내산으로 가는 길에, 그리고 율법을 받기 바로 전에 이스라엘 가운데 하나님이나 모세에 대하여 죄를 지은

일로 죽은 사람은 없다. 그러나 그들이 율법을 받은 후에는 정확히 동일한 죄로 인하여 수천 명이 죽는다. 그 예는 다음과 같다.

ⓐ 출애굽기 16장에서 안식일을 범한 일로 벌을 받지 않는다. 그러나 이스라엘이 율법을 받은 후에는 안식일을 범한 자들은 죽는다(민 15:36).

ⓑ 율법을 받기 전에 이스라엘이 이집트의 음식을 원한 것에 대하여 벌을 받지 않는다(출 16장). 그들이 율법을 받은 후에는 하나님께서 같은 죄에 대하여 재앙으로 많은 이스라엘 사람들을 치신다(민 11:33; 14:37을 참조하라).

ⓒ 율법을 받기 전에 이스라엘 백성이 이집트에서 죽는 것이 좋았겠다고 하지만 죽지 않는다(출 16:2-3). 그러나 율법을 받은 후에 그들이 같은 말을 하자 그들의 바람대로 이루어진다(민 14:2, 21-23, 32, 35).

ⓓ 율법 이전에는 모세에 대하여 불평한 일로 벌을 받지 않는다(출 16장). 그러나 율법 이후에는, 모세에 대하여 불평한 일로 약 15,000명이 죽는다(민 16:1-3, 32-35, 41-42, 49). 그리고 또 백성들이 하

나님과 모세에 대하여 불평하자, 많은 사람들이 불뱀에 의하여 죽는다(민 21:4-9).

율법의 한계

율법 이전의 이스라엘과 율법 아래의 이스라엘을 비교해보면 그 그림은 매우 분명하다. 그래서 바울은 그의 신약 서신에서 자신이 토라에 대하여 이해한 바를 나타냈는데, 그는 율법이 주어진 결과로 하나님의 진노와 죽음이 임했다고 했다. 그래서 그는 로마서에 이렇게 썼다. "율법은 진노를 이루게 하나니 율법이 없는 곳에는 범법도 없느니라"(롬 4:15. 롬 5:20; 7:10; 고후 3:6도 참조하라). 시내산에서 율법이 주어진 것에 대한 모세의 관점은 바울이 그의 서신서에서 말한 율법에 대한 이해와 완벽히 일치한다.

모세는 이스라엘이 약속의 땅의 복과 그 땅에서의 삶을 누릴 수 있게 하는 열쇠로서 율법을 통한 의를 제시한 것이 **아니다**. 앞서 살펴보았듯이, 그는 토라의 처음과 마지막에 그들의 율법에 대한 불순종과 그들의 추방과 언약에 의한 저주를 예언했다. "나는 매우 아름다운 땅이라는 선물로 너희를 축복하고 싶다. 그러나 너희는 아담과 같을 것이다. 너희는 율법에 불순종하고, 저주들을 겪고, 이방 땅에서 죽게 될 것이다. 여기에 율법이 있다. 나는 너희가 내가 기대하는 것 이상으로 잘 하기를 진심으로 바란다!"

마찬가지로, 만약 모세가 이스라엘이 의를 얻기 위한 열쇠로서 율법을 제시한 것이라면, 율법 이전에 그가 믿음과 의가 매우 중요하게 연결되었음을 강조하고 하나님이 율법을 주신 후에 이스라엘의 믿음의 실패와 의를 얻지 못할 것에 대한 이야기를 할 필요가 있었겠는가? 이것은 하나님께서 이렇게 말씀하시는 것과 같다. "나는 너희에게 율법을 주기 전에, 아브라함이 믿었을 때 내가 그에게 준 것과 같은 의를 너희에게 주기를 원했다. 그런데 내가 이스라엘에게 율법을 주자 그들은 믿지 않았고, 그렇기 때문에 나는 그들을 의롭게 여기지 않는다. 여기 율법이 있다. 잘 해 봐라!"

그런데 토라에 나오는 이야기는 그것을 읽는 사람들에게 의문을 갖게 한다. 그것은 율법이 이스라엘(그리고 열방)**을 아브라함 언약의 무조건적인 약속들**(창 15장)**의 온전한 성취로 이끌 수 있느냐는 것이다.** 아브라함 언약의 복이 무조건적인 것이기 때문에, 이스라엘이 그것을 받고자 하는 소망은 조건적인 복을 말하는 율법에 대한 순종에 달려 있지 않다. 이는 율법에 나오는 복이 조건적이며, 특히 모세가 (이스라엘의) 장래의 불순종이 확실함을 분명히 말했기 때문이다.

우리는 이스라엘이 시내산**으로** 가는 동안, 즉 율법을 받기 전의 행동과, 그들이 시내산**으로부터** 떠난 후의 행동을 자세히 비교해 보았다. 그들은 시내산에서 1년 내내 하나님과 함께 했고,[22] 율법을 받았음에도 불구하고, 그들의 행동은 전혀 변하지 않았다. 그들은 계속해서 불평하고 하나님과 그분의 종 모세에게 거역했다. 이런 상황으로 인하여 모세는 몹시 분노하였고 이스라엘의 문제를 해결하기 위하여 율법 외에 다른 것을 기대하게 되었다. 그는 하나님의 영을 부어주실 것을 기대했다. "모세가 그(여호수아)에게 이르되 '네가 나를 두고 시기하느냐? 여호와께서 그의 영을 그의 모든 백성에게 주사 다 선지자가 되게 하시기를 원하노라'"(민 11:29). 모세는 "여호와의 모든 백성이 율법을 지키기를 원하노라"고 하지 않았다. 모세가 바란 모든 이스라엘이 하나님의 영을 받는 것에 대한 소망은 나중에 요엘 선지자에 의하여 이어졌다.

[28]그 후에 내가 내 영을 **만민**에게 부어 주리니 너희 자녀들이

---

22) 출 19:1; 민 10:11을 보라.

장래 일을 말할 것이며 너희 늙은이는 꿈을 꾸며 너희 젊은이는 이상을 볼 것이며
²⁹그 때에 내가 또 내 영을 남종과 여종에게 부어 줄 것이며
요엘 2:28-29, 필자의 강조[23]

우리는 지금까지 율법이 토라의 최종 목표가 될 수 없다는 것을 분명히 보았다. 율법이 그 목표가 아니라면, 그렇다면 그 목표는 무엇인가? 또는 **누구**인가?

---

23) 토라의 이야기는 분명하게 행 2장에서 하나님의 영이 주어지는 일을 중요하게 여기고 그것을 고대하고 있다.

3

토라의 해결책: 메시아

우리는 토라의 줄거리를 살펴보면서, 이 책의 서론과 결론과 본론이 토라는 율법책이라는 일반적인 생각을 뒷받침하지 않는다는 것을 주장했다. 토라의 이야기는 분명 율법이 주어지는 내용을 포함하고 있지만, 그것은 또한 그 율법을 어기게 될 것을 예언적으로 나타내고 있다. 예언적으로 일어날 일에 대하여 말하는 것과 메시아가 토라 이야기의 목적이라고 말하는 것은 전혀 별개의 문제로, 특히 비율을 고려한다면 더욱 그러하다.

토라에서 얼마나 많은 구절이 메시아에 대하여 말하고 있고, 얼마나 많은 구절이 율법에 대하여 말하고 있는가? 그 수치는 충격적이다. 총 5,845구절 가운데 사람들이 일반적으로 메시아에 대한 예언으로 간주하는 것은 잘 알려진 아홉 구절 정도다(창 3:15; 49:8-12; 민 24:17-19; 신 18:15). 이것은 1%의 사분의 일도 안 된다(0.15%). 반면에, 이스라엘 백성에게 주어진 계명들에 대하여 다루는 구절들은 대략 3,605구절이다.[24] 이것은 토라의 모든 구절 가운데 약 62%에 해당한다! 비율만으로 보면, 율법이 메시아보다 훨씬 더 중요하다고 해야 할 것이다. 그리고 율법이 토라의 목표가 되어야 할 것이다!

양과 질

우리가 토라의 목표에 대하여 성급한 결론을 내리기 전에, 내러티브 문학(narrative literature)의 중요한 원리인 양보다 질이라는 원리에 대하여 생각해 보자. 예를 들면, C. S. 루이스의 고전적 이야기인 『사자, 마녀 그리고 옷장』에서 주인공은 누구인가? 대부분의 사람들은 주저 없이 '아슬란'이라고 대답할 것이다. 이 이야기에서 아슬란이 주인공인 이유는 무엇인가? 이 책의 이야기는 대부분 네 명의 아이들에 대하여 이야

---

24) 이 수치는 완벽하게 계산된 것은 아니고, 출 12(유월절), 16(안식일), 20-23, 25-31, 35-40장, 레 1:1-신 28:68의 모든 구절을 더한 수다.

기하고 있고, 아슬란은 책의 끝부분에 가서야 나온다. C. S. 루이스가 피터, 에드문드, 수잔, 루시에게 쏟은 시간에 비하면 아슬란은 거의 화면에 반짝하고 나타났다가 사라졌을 뿐이다. 우리는 아슬란이 주인공이라는 것을 어떻게 알 수 있는가? 우리는 양이 아니라 질의 원리로 인하여 아슬란이 그 이야기의 주인공이라는 것을 안다. 그것은 아슬란이 이야기에 얼마나 많이 등장하는가가 아니라, 그가 이야기의 어느 장면에 나와서 이야기의 줄거리 속에 있는 문제들을 어떻게 해결하는가에 달려 있다. 아슬란은 질적으로 전략적인 위치에 등장하고, 그의 캐릭터는 이야기의 흐름 가운데 해결책을 제시해 준다.

우리는 토라의 메시아 사상도 동일하게 양보다 질의 관점으로 봐야 한다고 생각한다. 율법이 그 이야기 전체의 62%에 나타나지만, 우리가 본 것처럼, 이야기의 줄거리는 이스라엘이 율법을 어기고 그로 인하여 시내산 언약을 깨뜨릴 것을 내다보고 있다. 토라 줄거리의 최대 걸림돌은 하나님의 율법을 불순종하는 것과 그 불순종과 함께 오는 저주의 결과(추방과 죽음)다. 우리는 이 문제를 토라 이야기의 시작과 끝에서 본다(창 3장; 신 28장). 이스라엘과 온 인류를 위한 하나님의 목적은 복이지만, 토라의 처음과 마지막에는 또 다른 주제가 등장한다(창 1:28; 신 33장). 만약 율법에 대한 불순종이 하나님의 복을 받는 것의 장애물이라면, 토라가 제시하는 해결책은 무엇인가?

마지막 단계

토라의 해결책, 즉 하나님께서 이스라엘에게, 그리고 이스라엘을 통하여 그분의 뜻을 이루시는 방법은 마지막 날들에 메시아-왕이 오는 것이다. 모세는 분명히 "마지막 날들"(히브리어로 '베아하리트 하야밈' - 역자 주)을 아주 중요한 문제로 여겼는데, 그것이 그가 토라에서 이 표현을 네 번 사용했고, 그 각각의 경우가 구조적으로 중요하기 때문이다. 그 가운데 세 번의 경우에, 이 표현은 아주 큰 예언적 시들의 앞부분에 등장한다. 첫째로, 족장들의 이야기의 마지막에(창 49:1)

> 그리고 야곱이 그 아들들을 불러 말하기를
> "너희는 모이라, **마지막 날들**에 너희에게 일어날 일을
> 내가 너희에게 말하리라."
> 창세기 49:1 원문 직역

둘째로, 이스라엘 사람들이 광야에서 옛 세대에서 새로운 세대로 넘어가는 과도기에 발람이 그들을 저주하려고 할 때에(민 24:14)

> 보소서, 이제 나는 내 백성에게로 돌아가나이다.
> 오소서, 내가 이 백성이 **마지막 날들**에
> 당신의 백성에게 할 일을 당신에게 알리리이다.
> 민수기 24:14 원문 직역

셋째로, 토라의 마지막에 나오는 모세의 노래의 첫 부분에 (신 31:29)[25]

> 내가 알거니와 내가 죽은 후에 너희가 확실히 부패하여
> 내가 너희에게 명령한 길에서 벗어나리라.
> 그리고 **마지막 날들**에 재앙이 너희에게 임하리라.
> 신명기 31:29 원문 직역

넷째로, 이 표현은 예언의 맥락 속에서 사용된다. 그것은

---

25) Sailhamer, *Pentateuch as Narrative*, 35-37.

모세가 이스라엘이 불순종으로 그 땅에서 쫓겨나지만, 마지막 날들에 환난 가운데 그들이 주님께로 돌아올 것이라는 사실에 대하여 하늘과 땅을 증인으로 부를 때(신 31:28; 32:1을 보라)에 사용된다(신 4:25-31).

> 너희가 **마지막 날들**에 환난을 당하고 이 모든 일이
> 너희에게 임할 때에, 너희가 너희 하나님 주께 돌아와
> 그의 음성에 순종하리니
> 신명기 4:30 원문 직역[26]

이 표현이 각각의 경우에 토라 이야기의 중요한 연결지점에 등장하기 때문에, 믿음의 주제와 마찬가지로 그것을 토라 전체의 신학적 목적을 이해하는 중요한 열쇠로 봐야 한다. 마지막 날들의 중요성에 대한 또 다른 단서는 토라의 가장 처음에 나오는 단어다. "태초에"(베레쉬트, "시작에 있어서" – 역자 주) — 히브리어로 이 단어는 "끝"을 필요로 한다. "마지막 날들"에서 "마지막"을 나타내는 히브리어 단어는 히브리

---

26) ESV 성경은 네 구절에서 각각 "마지막 날들"과는 다른 번역을 했다. 네 구절에서 모두 히브리어로 정확히 같은 표현이 사용되었기 때문에 우리는 그 번역을 "마지막 날들"로 바꾸었고 그것을 굵은 글씨로 강조했다. 우리가 한 이 원문 번역은 직역이다.

어 성경에서 항상 "시작"(beginning)의 반대말로 사용되었다 (민 24:20; 신 11:12). 토라는 "날들의 시작"에 아담의 흥망성쇠에 관한 이야기로 시작한다. 토라의 서론적 이야기는 인류의 최대의 문제, 즉 불신과 불순종으로 우리가 하나님과 분리되는 것을 해결하려는 하나님의 궁극적인 계획의 서막과 같은 역할을 한다. 이 해결책은 이스라엘이 계속해서 율법에 불**순종함에도 불구하고**, 율법을 **통해서** 오지 않을 것이다. 대신에 하나님은 "마지막 날들"에 메시아-왕을 통하여 죄를 해결하기 위한 유일하고 충분한 해결책을 주실 것이다(창 49:1, 8-12; 민 24:14, 17-19를 보라). 이어서 우리는 토라의 줄거리 속에서 메시아의 중요성에 대하여 살펴볼 것이다.

태초에 이야기가 있었다

토라가 계명이 아니라 이야기로 시작한다는 사실은 중세 랍비들에게는 해결이 필요한 문제였다. 유대교 성경 주석가 중에서 가장 유명한 랍비인 라쉬(Rashi)는 그의 토라 주석서를 다음과 같은 글로 시작했다.

랍비 이삭이 말했다. "토라는 '이 달을 너희에게 …이 되게 하고'(출 12:2) 이 구절로 시작되어야 했다. 왜냐하면 이것이 이스라엘이 지키도록 명령하신 첫 계명이기 때문이다." 그러면 그것(토라)의 첫 부분이 '태초에'로 시작하는 이유는 무엇인가?[27]

라쉬는 이어서 토라가 천지창조에서 출애굽까지의 이야기(창 1장-출 12장)로 시작하는 것은 이스라엘이 가나안인들에게서 약속의 땅을 빼앗는 것을 정당화하기 위한 것이라고 설명했다. 이스라엘이 가나안 일곱 족속에게서 그 땅을 빼앗은 것을 열방이 비난한다면, 이스라엘이 변론할 내용은 **이 이야기**일 것이다. "온 세상은 찬양 받으실 거룩한 이의 것이다. 그가 세상을 창조하셨고, 그가 그것을 받기에 합당한 자에게 주셨다." 이 이야기는 이스라엘의 그 땅에 대한 권리증서와, 그 땅의 정복의 정당성을 위한 "알리바이"가 된다.

이 이야기가 이스라엘이 약속의 땅을 차지할 권리에 대한 신적 정당성을 부여할 수도 있지만, 이것은 그보다 훨씬 더 원

---

27) *Miqraot Gedoloth*("위대한 성경"이란 뜻으로서, "모음 부호, 영창[액센트] 부호, 마소라 여백 노트, 아람어역 타르굼, 중세기 주석들"을 포함한 랍비적 성경을 가리킨다 - 역자 주; 공동저자들이 히브리어 원문에서 직역).

대한, 온 세상을 위한 목적의 일부일 뿐이다. 우리는 이 이야기, 즉 출애굽기를 넘어 토라의 나머지 부분만이 아니라 전선지서(여호수아, 사사기, 사무엘, 열왕기)[28]를 포함하는 이야기의 목적이 메시아에 대한 희망과 히브리어 성경 전체의 종말론을 위한 성경적 "알리바이"를 제공하려는 것이라고 주장한다.

이 이야기의 형성과 특징에 관한 몇 가지 의견으로 이 대

---

28) 히브리어 성경의 순서를 잘 모르는 독자들을 위하여 말하자면, 히브리어 성경의 순서는 기독교 정경의 순서와 다르다. 히브리어 성경 정경은 크게 세 부분으로 나누어지는데, 그것은 토라, 선지서(네비임), 성문서(케투빔)이며 이것을 줄여서 "타나크"라고 한다. 그리고 선지서는 전선지서(여호수아-열왕기)와 후선지서(이사야-말라기)로 구분된다. 우리의 연구에서 이 세 부분으로 나누는 방법을 사용하는 중요한 이유 중 하나는 예슈아에게 있다. 예슈아는 아벨(창 4:8-16)로부터 스가랴(대하 24:21)까지, 모든 의로운 순교자들의 피에 대한 책임이 종교 지도자들에게 있다고 말씀하셨다(마 23:35; 눅 11:51을 보라). 이 말씀은 오직 토라로 시작해서 역대기로 끝나는 히브리어 성경을 염두에 두고 봐야 이해가 된다(즉, 예슈아는 종교 지도자들이 히브리어 성경에 나오는 모두에 대하여 책임이 있다고 하신 것이다). 또 예슈아는 다른 곳에서 제자들에게 성경에 나오는 메시아에 대한 소망에 관하여 설명해 주셨는데, 성경을 모세와 선지자와 시편으로 말씀하셨다(눅 24:44). 우리는 예슈아께서 히브리어 성경을 세 부분으로 보는 것만이 아니라, 세 번째 부분이 시편에서 역대기로 이루어졌다는 것을 알고 있다고 말하고 싶지만, 우리가 예슈아의 말씀을 통하여 말할 수 있는 것은 적어도 그가 성경을 세 부분으로 이해하고 있다는 것이다. 그렇다면, 눅 24:44에 나오는 "시편"은 히브리어 성경의 세 번째 부분 전체를 가리키는 명칭일 것이다.

담한 주장을 위한 발판을 마련해 보자.

첫째, 히브리어 성경 또는 타나크(율법과 선지서와 성문서)는 하나의 연속된 역사적 이야기로 시작하는데 그것은 세상의 창조로 시작하여 바벨론 포로기에 다윗의 자손인 여호야긴의 자리가 높아지는(왕하 25:27-30) 것으로 끝난다. 이 이야기는 단어 수로 계산하면 히브리어 성경 전체의 거의 절반을 차지한다.[29]

타나크의 단어 수

토라	선지서	성문서
토라와 전선지서 (창세기-열왕기하) 211,012단어	후선지서와 성문서 (이사야-역대기하) 214,164단어	

둘째, 이 이야기를 읽는 사람은 이미 앞부분(창 1-11장)에 그 줄거리가 복선으로 깔려있기 때문에 이야기의 결론을 예상할 수 있다. 랍비들의 문헌에서 이런 특징은 이전에 언급한

---

[29] Stephen G. Dempster, *Dominion and Dynasty* (Downers Grove, IL: InterVarsity Press, 2003), 39.

것으로, "조상들의 행위는 자손들의 표징이다"라는 뜻의 '마아세 아봇 시만 레바님'의 하위 범주에 속한다.[30] 다시 말하면, 이 이야기의 앞부분, 특히 아담과 하와의 이야기는 단지 과거에 아담에게 일어난 일만이 아니라, 장래에 이스라엘에게 **일어날 일**에 대하여 말하고 있는 것이다. 창세기 1-3장의 아담의 이야기는 여호수아서에서 열왕기까지 계속 이어지는 이야기가 된다(동산/땅이 선물로 주어짐, 계명을 받음, 동산/땅의 거주민[들]의 유혹을 이겨내지 못함, 불순종, 동쪽으로 쫓겨남).

셋째, 토라의 서론의 예언적 성격은 토라의 마지막에서 모세의 예측으로 강화된다.

> [16]또 여호와께서 모세에게 이르시되 "너는 네 조상과 함께 누우려니와 이 백성은 그 땅으로 들어가 음란히 그 땅의 이방 신들을 따르며 일어날 것이요 나를 버리고 내가 그들과 맺

---

30) *Gen. Rab.* 48.7; 창 12:6에 대한 Ramban의 주석을 보라. 예를 들면, 아브람이 이집트에 거류하는 동안 그 땅의 기근, 사라가 바로 앞으로 이끌려 간 일, 바로의 집안에 임한 재앙, 아브람이 떠날 때 많은 금과 은과 가축을 가지고 간 일이 있었다. 이 일들은 그의 자손들에 대한 분명한 "표징"으로, 그들도 동일하게 기근으로 인하여 이집트에 거류하기 시작하고, 바로의 앞으로 이끌려 가며, 재앙을 통하여 놓임을 받고, 그들이 떠날 때 많은 금과 은과 가축을 가지고 갔다. 아브람의 출애굽은 이스라엘의 출애굽을 예표하고 있다.

은 언약을 어길 것이라.

¹⁷내가 그들에게 진노하여 그들을 버리며 내 얼굴을 숨겨 그들에게 보이지 않게 할 것인즉 그들이 삼킴을 당하여 허다한 재앙과 환난이 그들에게 임할 그 때에 그들이 말하기를 '이 재앙이 우리에게 내림은 우리 하나님이 우리 가운데에 계시지 않은 까닭이 아니냐?' 할 것이라.

¹⁸또 그들이 돌이켜 다른 신들을 따르는 모든 악행으로 말미암아 내가 그 때에 반드시 내 얼굴을 숨기리라.

¹⁹그러므로 이제 너희는 이 노래를 써서 이스라엘 자손들에게 가르쳐 그들의 입으로 부르게 하여 이 노래로 나를 위하여 이스라엘 자손들에게 증거가 되게 하라.

²⁰내가 그들의 조상들에게 맹세한바 젖과 꿀이 흐르는 땅으로 그들을 인도하여 들인 후에 그들이 먹어 배부르고 살찌면 돌이켜 다른 신들을 섬기며 나를 멸시하여 내 언약을 어기리니 ²¹그들이 수많은 재앙과 환난을 당할 때에 그들의 자손이 부르기를 잊지 아니한 이 노래가 그들 앞에 증인처럼 되리라 나는 내가 맹세한 땅으로 그들을 인도하여 들이기 전 오늘 나는 그들이 생각하는 바를 아노라."

신명기 31:16-21

히브리어 성경의 모든 선지자들 가운데 가장 위대한 선지자인 모세가 확실한 말로 선포하기를, 이스라엘은 그들의 조상 아담처럼 그 땅에 들어가서, 거기서 나는 열매를 먹고, 시내산 언약에 나타난 하나님의 계명을 어겨서, 쫓겨나게 될 것이라 하였다(신 4:25-28; 30:1을 보라).

우리가 이 세 가지 요점, 즉 이스라엘의 불순종과 그 이후의 추방이라는 실제 이야기, 아담의 불순종과 그 후의 추방이라는 이야기 주제의 예표, 이스라엘의 불순종과 추방에 대한 모세의 분명한 예측을 생각해 보면, 우리에게 한 가지 질문이 떠오를 수밖에 없다. 토라에서 모세가 이스라엘의 불순종과 추방을 예상하고 예측했다면, 이 이야기의 요점은 무엇인가? 모세가 이스라엘이 시내산 언약을 어기고 쫓겨날 것을 미리 알았고, 그것이 정확히 전선지서에서 일어났기 때문에, 이 이야기의 주목적은 이스라엘로 하여금 순종하게 하려는 것이 아니다. 이스라엘의 불순종과 추방이 정해진 것이라면, 토라와 히브리어 성경 전체의 궁극적인 목표는 무엇인가? 우리는 이 질문에 대한 가장 훌륭한 답을 한 마디로 요약할 수 있다고 본다. 그것은 "메시아 사상"이다. 앞으로 보겠지만, 메시아는 이 이야기의 핵심이며, 토라 이야기의 메시아는 이후의 이스라엘의 성경(후선지서와 성문서)에서 중요한 주제가 된다.

메시아 사상은 무엇인가?

일부 성경 학자들에 의하면, 메시아 사상은 히브리어 성경에서 별로 중요하지 않은 주제다.[31] 겉으로 보기에 히브리어 성경, 특히 토라에서 메시아에 대한 명확한 예언의 수가 적다는 사실은, 신약 성경에서 타나크의 중심 주제가 메시아라고 분명하게 말하는 것과 상충되는 것처럼 보일 수 있다. 예를 들면, 예슈아께서는 토라에 관하여 다음과 같은 대담한 발언을 하셨다. "내가 너희를 아버지께 고발할까 생각하지 말라. 너희를 고발하는 이가 있으니 곧 너희가 바라는 자 모세니라. 모세를 믿었더라면 또 나를 믿었으리니 이는 그가 내게 대하여 기록하였음이라. 그러나 그의 글도 믿지 아니하거든 어찌 내 말을 믿겠느냐?"(요 5:45-47). 신약 성경의 다른 구절들도

---

31) 예를 들어, Gordon D. Fee and Douglas Stuart, *How to Read the Bible for All It's Worth* (Grand Rapids: Zondervan, 2003), 182; Grant R. Osborne, *The Hermeneutical Spiral*, revised ed. (Downers Grove, IL: InterVarsity Press, 2006), 264-65를 보라. Osborne의 말에 의하면 "Fee와 Stuart는 주장하기를 구약의 예언 중 2% 미만이 메시아에 관한 것이며, 5% 미만이 새 언약의 시대와 관련되었고, 1% 미만이 여전히 우리의 미래에 일어날 사건들과 관련되었다… 물론 이 수치는 메시아 예언이라 불리는 것들 가운데 어느 것이 원래부터 메시아를 예언한 것인지에 관한 해석적 결정에 크게 의존하고 있다. 그럼에도 불구하고, 어느 쪽이든 그 비율은 비교적 낮을 것이다."

메시아를 모세의 글과 선지서의 중심 주제 가운데 하나로 거리낌 없이 말하고 있다.[32] 우리는 예슈아를 믿으며 신약 성경의 권위와 진실성을 인정하는 사람들로서, 예슈아께서 토라에 관하여 하신 말씀들을 존중한다. 어떤 이들은 강단에서 토라를 들고 자신들을 변호하는데 애를 먹을 수도 있겠지만 말이다. 우리는 메시아 사상이 토라의 주요 주제이며, 토라에서 시작하여 메시아 사상이 히브리어 성경의 나머지 부분까지 흘러간다고 주장한다.

"메시아 사상"과 "메시아"라는 표현이 토라에 사용되지 않았고, 히브리어 성경에서도 이 주제와 관련된 내용이 매우 적기 때문에, 우리가 이 장에서 설명하고 있는 "메시아"와 "메시아 사상"이라는 용어에 대한 정의를 내려보자. 메시아(마쉬아흐)라는 단어는 "기름 부음 받은 자"를 의미하며, 타나크에서 39번 사용되었고, 일부의 경우 드물긴 하지만 성서후시대(post-biblical)의 저자들이 "메시아-왕"(the Messiah-King)이라고 부른 이를 지칭하는 전문용어로 사용되기도 했다(예를 들면, 시 2:2; 단 9:25-26을 보라).[33] 그 외의 경우에, 이 단어는

---

32) 예를 들면, 눅 24:25-27, 44; 요 1:45; 행 3:18; 24:14; 26:22, 27; 28:23; 계 19:10을 보라.

33) Michael Rydelnik, *The Messianic Hope* (Nashville: B&H, 2010), 2

대제사장(레 4:3)과 왕들(삼상 24:6)과 선지자들(시 105:15), 그리고 고레스(사 45:1)를 가리키는데 사용되었다. 우리는 여기서 "메시아"라는 단어를 마지막 날들에 하나님께서 창조의 원래의 목적을 궁극적으로 다시 세우는데 사용하시는 인물을 나타내는 포괄적인 용어로 사용한다. 이 다양한 모습을 지닌 인물은 어떤 때는 왕으로 묘사되고, 다른 때는 선지자로, 또 다른 곳에서는 제사장으로 그려진다. 그는 일부 구절들에서 강력한 통치자로 나오지만, 다른 구절들에서는 멸시와 거부를 당한 버러지 같은 인간으로 나온다. **그러나 모든 경우에 있어서 그는 일시적으로 저주 아래에 있는 창조 세계에 하나님의 복된 통치를 다시 세우는 계획의 핵심 인물이다. "메시아"는 이 이야기의 주인공을 가리키며, "메시아 사상"은 역사(history), 즉 그분의 이야기(His-story)와 관계된 부분들을 강조하는 용어다.**

를 보라.

4

창조 명령

우리가 토라를 그것의 문학적 장르를 따라서 읽는다면, 우리는 그 앞부분에서 이야기의 중심 주제들을 찾아낼 수 있을 것이다. 왜냐하면 성경 문헌, 즉 타나크와 신약 성경은 앞부분에서 책 전체의 핵심 주제들과 사상들을 소개하는 경우가 많기 때문이다. 앞으로 살펴볼 창세기 1:26-28은 토라의 주요 주제들을 소개하고 있으며, 이 주제는 토라의 나머지 부분에서 발전된다.

> [26]하나님이 이르시되 "우리의 형상을 따라 우리의 모양대로 우리가 사람을 만들고 그들로 바다의 물고기와 하늘의 새와 가축과 온 땅과 땅에 기는 모든 것을 다스리게 하자" 하시고 [27]하나님이 자기 형상 곧 하나님의 형상대로 사람을 창조하시

되 남자와 여자를 창조하시고

²⁸하나님이 그들에게 복을 주시며 하나님이 그들에게 이르시되 "생육하고 번성하여 땅에 충만하라, 땅을 정복하라, 바다의 물고기와 하늘의 새와 땅에 움직이는 모든 생물을 다스리라" 하시니라.

창세기 1:26-28

창조 주간에 나오는 전형적인 패턴은 다음과 같다. "하나님이 이르시되"+"…이 있으라 하시니"+"저녁이 되고 아침이 되니 …째 날이니라." 그런데 창조 이야기에서 창세기 1:1-2:3에 나오는 이런 문학적 패턴의 특징을 벗어난 두 가지 예외적인 경우가 있다.

첫째, 이 패턴은 여섯째 날에 인간을 창조하실 때 깨지는데, 하나님은 "…이 있으라" 대신에 하나님의 심사숙고를 보여주는 "우리가 …을 만들자"라는 말씀을 하셨다. 둘째, 일곱째 날에는 전형적으로 사용된 두 개의 하나님의 말씀과 각 날의 마지막에 나온 말씀이 빠져있다. 이러한 패턴의 변화는 의도적인 것으로, 토라의 이야기가 펼쳐지면서 중요한 역할을 하는 주제들로 우리의 관심을 모으고 있다. 여섯째 날에 "…

이 있으라"라는 패턴에서 벗어난 "우리가 …을 만들자"[34]라는 표현은 우리의 관심을 인간이 땅과 그 안의 만물을 다스린다는 주제로 이끌고 있다. 이것은 **창조 명령**(the creation mandate)이라 불리는 중요한 주제다.

---

34) Rashi는 하나님께서 천사들을 통하여 말씀하신다고 주장하지만, 창세기 1장의 어디에도 천사들이 언급되지 않았다는 사실에는 변함이 없다. 그러나 하나님과 하나님의 영(창 1:1-2)은 창세기 1장에 나온다. 정확히 말하면, 창조 이야기에서 하나님은 홀로 계시지 않았다. 하나님의 단일성과 복수성("우리의 형상을 따라… 우리가 만들자")을 뒷받침하는 내용은 27절에서 찾을 수 있다. 우리는 여기서 사람 안에 단일성과 복수성을 발견한다. "하나님이 하나님의 형상대로 사람을 창조하시되, 남성과 여성을 창조하시고." 정확히 말하면, 사람(단수)이 남성과 여성(복수)으로, 즉 복수성 상태의 단일성으로 표현되었다. 놀랍게도 이와 동일한 특징이 창 1:1-2에서 한 분이신 참된 하나님의 복수성을 말할 때 문법적으로 나타나 있다. 창 1:1에서 하나님을 묘사하는 동사는 문법적으로 남성형이다. "태초에 하나님이 천지를 창조하시니라(남성단수동사)." 창 1:2에서 하나님의 영을 묘사하는 동사는 여성형이다. "하나님의 영은 수면 위에 운행하시니라(여성단수동사)." 우리는 하나님이 존재론적으로 남성이면서 여성이라고 주장하는 것이 아니다. 오히려 우리는 한 창조주의 복수성 상태의 단일성이 남성형과 여성형 동사로 기술되었고, 이 단일성과 복수성이 하나님의 형상을 따라 인류가 창조되는 데 반영되었다고 말하는 것이다.

하나님의 삼중 약속

창조 명령은 창세기 1:28에 나오는 세 가지 주제를 포함하며, 아브라함 언약에 들어있는 약속들이 이 세 주제로 이루어졌다. 이 세 가지 주제는 하나님이 이스라엘 백성을 다루시는 것과 그들에 대한 목적의 근간을 이루는 것으로, 그 세 가지는 복과 자손과 땅의 다스림이다.

> 하나님이 그들에게 복을 주시며(**복**) 하나님이 그들에게 이르시되 "생육하고 번성하여(**자손**) 땅에 충만하라, 땅을 정복하라(**땅**),[35] 바다의 물고기와 하늘의 새와 땅에 움직이는 모든 생물을 다스리라" 하시니라.
> 창세기 1:28

창조 명령의 두 가지 측면은 아브라함 언약과 직접적으로 연결된다. 이것은 일반적으로 영어 번역본에서는 잘 보이지 않는다. 그 두 가지는 다음과 같다. 첫째, 남자와 여자가 '에레쯔'(eretz)를 다스리도록 부름을 받았다. '에레쯔'는 문맥에

---

35) 창조 이야기의 숫자 7에 대한 강조를 따라, 창조 명령에는 "땅"이 일곱 번 언급되었다(창 1:26-30).

따라 '세상' 또는 '땅'으로 번역할 수 있다. 에레쯔를 '세상'으로 번역하면 창조 명령에 하나님께서 아브라함, 그리고 이스라엘에게 하신 삼중 약속의 세 가지 주요 요소 중 하나인 에레쯔(땅)를 선물로 주신 것이 포함되어 있다는 사실을 놓치기 쉽다. 둘째, 창조 명령에는 구체적으로 '에레쯔'를 '카바쉬' 하라는 명령이 포함되어 있다. 이것은 보통 "땅을 정복하라"로 번역되는데, 이 번역은 아브라함 언약의 또 다른 주요 요소인 약속의 땅(에레쯔)의 정복(카바쉬)과의 명확한 연관성을 모호하게 만든다. 나중에 토라와 전선지서에서 이 표현은 이스라엘이 약속의 땅을 정복하는 것을 가리키는 표현으로 명시적으로 사용된다(민 32:22, 29; 수 18:1). 그뿐만 아니라, 이 동사는 사무엘하 7장의 다윗 언약 다음에 나오는 사무엘하 8:11에서 다윗 왕이 이방 민족을 정복하는 것에 사용되었다.

간략히 말하면, 복과 자손과 땅은 창세기에서 열왕기하까지의 이야기의 중심 주제들인 것이다. 또한 이 주제들은 성경의 종말론의 기초를 이룬다. 하나님께서 세상을 창조하시고 이스라엘을 택하신 목적은 복을 주시고, 번성하게 하시며, 여자의 씨(예수 그리스도)를 통하여 그 땅에 하나님의 다스림이 이루어지게 하시려는 것이다(창 3:15).

하나님의 첫 번째 왕 아담

창조 명령이 이 이야기의 주요 구성요소라는 것을 살펴봤으니, 이제는 이 세 주제가 아담과 하와의 이야기에 어떻게 들어있는지 보도록 하자. 그들의 이야기는 이스라엘의 이야기를 미리 보여주며, 하나님의 인류에 대한 창조 목적을 가리킨다.

인류, 남자와 여자, 하나님의 형상을 따라 지어진 것으로 이해되는 아담, 그는 왕이다. 창조 명령에서 다스림과 지배를 말하는 데 사용된 용어들은 다른 곳에서는 왕들의 통치를 기술할 때 사용되는데, "우연히도" 일부 잘 알려진 메시아에 대한 예언에도 사용되고 있다.

창조 명령에 사용된 여러 개의 다스림과 관련된 용어 가운데 첫 번째는 히브리어로 '라다'(radah)다. "하나님이 이르시되 '우리의 형상을 따라 우리의 모양대로 우리가 사람(아담)을 만들고 그들로 바다의 물고기와 하늘의 새와 가축과 온 땅과 땅에 기는 모든 것을 다스리게(라다) 하자' 하시고"(창 1:26). 이 단어는 열왕기상 4:24에서 솔로몬이 그 땅을 다스리는 것을 말할 때 사용되었다. 놀라운 것은 아니지만 주목할 점은, 이 동사가 전통적으로 메시아에 대하여 기록된 것으로 여겨지는 다음의 세 구절에도 등장한다는 것이다.

야곱에서 난	그가	여호와께서
자가 그 성읍의	바다에서부터	시온에서부터 주의
살아남은 자들을	바다까지와	권능의 규를 내보
다스리고(라다)	강에서부터	내시리니 주는
멸할 것이다	땅 끝까지	원수들 중에서
민수기 24:19	**다스리리니**(라다)	**다스리소서**(라다)
필자 영문 직역	시편 72:8[36]	시편 110:2

하나님은 아담과 그의 후손을 통하여 창조 세계에 대한 그분의 통치를 세우시려는 것이다.

하나님의 첫 번째 제사장 아담

아담의 제사장적 역할을 이해하기 위해서 우리는 먼저 창조세계-에덴의 이미지가 성막에 얼마나 반영되어 있는지를 알아야 한다. 학자들은 오랫동안 창조 주간과 성막 이야기(출

---

36) 슥 9:10하, 메시아 예언으로 유명한 또 다른 구절로서 시 72:8과 거의 유사하다.

25-31, 35-40장)가 그 주제와 언어에 있어서 많은 유사점을 갖고 있다는 것을 주목해 왔다. 그 가운데 살펴볼 만한 것들은 다음과 같다.37)

(1) 창조 주간이 7일로 나누어진 것처럼(창 1:5, 8, 13, 19, 23, 31; 2:1), 성막을 만드는 계획도 일곱 개의 말씀으로 나누어졌다(출 25:1; 30:11, 17, 22, 34; 31:1, 12). 두 경우 모두에 있어서, 제7일과 일곱 번째 말씀은 안식일을 중점적으로 말하고 있다. 전자의 경우, 안식일은 창조의 클라이맥스이며, 후자의 경우, 안식일은 언약의 표징이다.

(2) 창조와 성막의 건설은 그 일을 마쳤다는 말로 끝난다(창 2:2; 출 40:33하).

(3) 창조와 성막 건설이 완료된 후에, 그것에 대한 점검이

---

37) 예를 들면, Shimon Bakon, "Creation, Tabernacle and Sabbath," *Jewish Bible Quarterly* 25, no. 2 (April 1, 1997): 79-85; Michael A. Fishbane, *Biblical Text and Texture: A Literary Reading of Selected Texts* (Oxford: Oneworld, 1998), 12; Peter J. Kearney, "Creation and Liturgy: The P Redaction of Ex 25-40," *Zeitschrift für die alttestamentliche Wissenschaft* 89 (1977): 375-87; Morales, *Tabernacle Pre-Figured: Cosmic Mountain Ideology in Genesis and Exodus* (Louvain, Belgium: Peeters, 2012)를 보라.

있었다(창 1:31상; 출 39:43상).

(4) 창조와 성막에 복을 주셨다(창 1:22, 28; 2:3; 출 39:43하).

(5) 창조와 성막 건설의 과정에서 "(하나님의) 영"이 필수적이었다(창 1:2; 출 31:3; 35:31).

(6) 창조 이야기와 성막 이야기 모두 "타락"의 이야기(창 3장; 출 32장)를 포함하고 있다.

이런 문학적 유사성 외에도, 두 이야기에는 각각의 이야기에만 있는 독특한 용어들이 상당수 포함되어 있다.[38]

---

[38] 창 1:14-16에 나오는 "광명체"에 해당하는 단어는 토라의 다른 곳에서 오직 메노라를 말할 때만 사용되었다(출 25:6; 27:20; 35:8, 14, 28; 39:37; 레 24:2; 민 4:9, 16). 창조에 있어서 너무나 중요한 "나눔(구분, 구별)"의 과정(예, 빛과 어둠, 물과 물, 밤과 낮)은 제사장의 규례에 있어서도 무척 중요한 것이었다(창 1:4, 6-7, 14, 18; 출 26:33; 레 1:17; 5:8; 10:10; 11:47; 20:24-26; 민 8:14; 16:9, 21). 창 1:11에서 "씨 맺는"에 사용된 동사의 특정한 형태는 이곳 외에 오직 레 12:2에만 사용되었다. 창 1:24-25에 동물들을 "그 종류대로" 구분하는 것은, 토라의 다른 곳에서 오직 정한 동물과 부정한 동물을 구분하는 것에 관해서만 사용되었다(창 1:11-12, 21, 24-25; 6:20; 7:14; 레 11:14-16, 19, 22, 29; 신 14:13-15, 18). "궁창"에 해당하는 단어의 히브리어 어근은 토라의 다른 곳에서 오직 성막과 그것의 봉사에 관해서만 사용되었다(창 1:6-8, 14-15, 17, 20; 출 39:3; 민 16:39). 마지막으로, 창 1:29-30에 나오는 음식의 공급/제한에 대한 중점은 모세 율법에 있어서 핵심적인 것이다(레 11장, 신 14장을 보라).

창조와 성막 건설의 유사점

	창조	성막
완성	하나님이 그가 하시던 일(멜라카)을 일곱째 날에 마치시니(칼라) 그가 하시던 모든 일을 그치고 일곱째 날에 안식하시니라 창세기 2:2	모세가 이같이 역사(멜라카)를 마치니(칼라) 출애굽기 40:33하
점검	하나님이 지으신 그 모든 것을(에트 콜) 보시니(바야르) 보라(힌네) 그것이 매우 좋았더라 창세기 1:31상 (원문 직역)	모세가 그 마친 모든 것을 (에트 콜) 본즉(바야르) 보라(힌네) 여호와께서 명령하신 대로 되었더라 출애굽기 39:43상 (원문 직역)
축복	하나님이 그들에게 복을 주시며(바예바레크) 창세기 1:22, 28; 2:3	모세가 그들에게 축복하였더라(바예바레크) 출애굽기 39:43하
하나님의 영	하나님의 영은 수면 위에 운행하시니라 창세기 1:2하	하나님의 영을 그에게 충만하게 하여 지혜와 총명과 지식과 여러 가지 재주로 출애굽기 31:3

창조 세계와 성막 건설의 이런 많은 유사성 외에, 에덴동산과 성막 사이에도 많은 연결점이 있다.[39]

(1) 하나님은 동산에서 "걸어 다니셨다"(히트할레크). 이 동사 형태는 하나님께서 성막에서 거니시는 것을 말할 때에도 사용된다(창 3:8; 레 26:12; 신 23:14).
(2) 하나님은 그룹들을 동산의 동쪽 입구에 두셨다. 이것은 휘장에 수놓인 그룹들이 지성소의 동쪽 입구를 지키는 것과 명확한 유사점이 있다(창 3:24; 출 26:31; 민 3:38).
(3) 성소 안에 있는 나무 모양의 메노라는 동산 중앙에 있는 생명나무의 모형을 의도한 것으로 보인다(창 2:9; 출 25:32-36).
(4) 에덴동산의 이야기에서 언급된 보석들은 토라의 다른 곳에서 성막 건설에 사용되는 보석으로 나온다(창

---

[39] 동산과 성막의 관계에 관한 대표적인 논의는 Gordon J. Wenham, "Sanctuary Symbolism in the Garden of Eden Story," *I Studied Inscriptions before the Flood*, Richard Hess and David Toshio Tsumura 편저, Sources for Biblical and Theological Study 4 (Winona Lake, IN: Eisenbrauns, 1994), 399-404를 보라. 다음에 나오는 목록은 대부분 Wenham의 작품에서 가져온 것이다.

2:12; 출 25:7; 28:9-14, 20; 민 11:7).[40]

우리가 에덴이 창조세계의 원형적인 성소로 묘사되었다는 것을 안다면, 아담의 역할이 모든 피조물을 주관하는 원형적 제사장이라는 것을 이해하게 될 것이다. 첫째, 아담은 동산에서 **일하고** 그것을 **지키도록** 그곳에 두어졌다. 에덴에 대한 이 이중 직임은 레위인들에게 주어진 이중 직임, 즉 성막에서 **일하고** 그것을 **지키는** 것과 동일하다(창 2:15; 민 3:7-8).[41] 게다가 하나님은 아담이 죄를 지은 후에 벌거벗은 그에게 옷(케토넷)을 입혀주셨다(힐비쉬). 타나크에서 이 표현은 제사장들이 성막에서 입는 옷을 말할 때 가장 많이 사용되었고(창 3:21; 출 29:8; 28:39-40), 중요한 것은 그것이 그들의 벌

---

[40] 선지자들이 장차 올 성전을 새로운 에덴과 관련하여 묘사함으로, 그들 또한 에덴동산을 다른 모든 성소들이 그 형태를 따르는, 창조 세계의 원형적인 성전으로 보고 있다는 것이 확실하다(예를 들면, 에덴에서 흘러나오는 강과 마지막 날들의 성전에서 흘러나오는 강을 비교해 보라. 창 2:10-14; 겔 47장).

[41] Andrew J. Schmutzer, "The Creation Mandate to 'Be Fruitful and Multiply': A Crux of Thematic Repetition in Genesis 1-11," (PhD diss., Trinity Evangelical Divinity School, 2005), 348. 그는 말하기를, "에덴이 하나님의 동산이자 성소인 원형적 성전인 것처럼, '경작하고 지키다'라는 표현도… 성전에서 하나님을 '섬기고' 모든 부정한 것으로부터 그것을 '지키는' 제사장들에게 사용되었다."

거벗음을 가리기 위한 것이었다는 점이다(출 28:40-43).

아담은 모든 피조물을 다스리는 원형적 대제사장이고, 이후에 하나님에 의하여 임명된 모든 대제사장들은 동산의 아담에 그 기원을 두고 있다. 아론이 매년 그룹들의 형상을 지나 하나님께서 그분의 백성과 거니시던 장소로 가는 것(레 16:2)은 아담이 타락하기 전에 한 때 에덴에서 가졌던 특별한 지위를 상기시키는 역할을 한다(창 3:8, 24를 보라). 아담의 원형적 제사장직과 아론의 대제사장직과의 연관성을 가장 두드러지게 나타낸 사람은 에스겔 선지자다. 그는 두로 왕을 아담이 타락하기 전에 에덴동산에서 각종 보석으로 단장한 대제사장의 옷을 입은 모습에 비유하여 말했다.

> [13]네가 옛적에 하나님의 동산 에덴에 있어서 각종 보석 곧 홍보석과 황보석과 금강석과 황옥과 홍마노와 창옥과 청보석과 남보석과 홍옥과 황금으로 단장하였음이여 네가 지음을 받던 날에 너를 위하여 소고와 비파가 준비되었도다
>
> [14]너는 기름 부음을 받고 지키는 그룹임이여 내가 너를 세우매 네가 하나님의 성산에 있어서 불타는 돌들 사이에 왕래하였도다
>
> [15]네가 지음을 받던 날로부터 네 모든 길에 완전하더니 마침

내 네게서 불의가 드러났도다

에스겔 28:13-15[42]

에스겔이 에덴을 염두에 두고 말한 것은 틀림없다. 우리에게 있어서 중요한 것은 아담의 옷에 묘사된 보석의 목록이다. 이 보석들은 이스라엘 대제사장의 옷을 장식하는데 사용되는 바로 그 보석들이다(출 18:17-20; 계 21:19-20을 참조하라).

우리는 창조 이야기와 성막 건설, 그리고 에덴동산과 성막 설계의 유사성을 어떻게 해석해야 하는가? 마이클 모랄레스는 최근에 발표한 논문에서 창세기 1-3장과 출애굽기에 나오는 이스라엘의 이야기 사이에 (창조/출애굽의) 바다가 갈라지는 것에서부터 하나님이 임재하시는 장막(에덴/성막)까지 그 어휘와 주제의 유사성을 연구했다.[43] 모랄레스는 특히 창

---

[42] 일반적으로 이 구절들을 사탄의 타락을 가리키는 것으로 이해하고 있지만, 창 2-3장이 뱀이 아닌 아담을 제사장으로 묘사하고 있다는 사실을 볼 때, 여기에 나오는 에덴의 대제사장적 인물에 대한 묘사는 아담을 암시하는 것일 가능성이 더 크다. C. F. Keil and Delitzsch F., "Ezekiel, Daniel," *Commentary on the Old Testament*, vol. 9 (Peabody, MA: Hendrickson, 1996), 410의 설명: "에스겔은 여기서 두로 군주의 상황과 낙원의 최초의 사람의 상황을 비교하고 있다; 그리고 나서 15, 16절에서는 그의 타락과 아담의 타락을 비교하여 묘사하고 있다."

[43] Morales, *Tabernacle Pre-Figured*, 51-120.

조 이야기와 성막 건설(창 1:1-2:3; 출 25-31, 35-40장), 그리고 에덴에서 아담의 제사장 직무와 성막에서 아론의 제사장 직무(창 2:4-3:24; 출-민) 사이의 유사성을 강조했다. 그는 창세기 1:1-2:3에서 땅은 우주적 성전의 바깥 뜰로 묘사되고, 에덴동산은 지성소의 역할을 한다는 것(창 2:4-9)을 설득력 있게 주장했다.[44] 이것이 나타내는 바는 명확하다. 하나님은 아담을 동산 성소의 대제사장 이상의 존재로 그곳에 두셨다. 그는 동산의 대제사장이자 온 창조 세계를 다스리는 왕이었다. 아담이 왕-제사장으로 묘사된 것은 하나님께서 이스라엘 전체를 왕과 제사장으로 부르시고(출 19:6), 아론 개인을 그룹들 위에서 그분의 백성과 함께 거니시는 하나님을 섬기는 자로서 부르실 것을 명확하게 미리 보여주고 있다.

이제 우리는 왕-제사장인 아담이 앞으로 올 일들의 원형이자 표징이라는 것(조상들의 행위는 자손들의 표징)을 이해할 준비가 되었다. 이것은 이스라엘 **전체**에 대한 것이고, 또한 이스라엘 가운데서 일어날 한 **개인**에 대한 것이다. 아담이 창조 명령을 따라 살 수 없게 되었을 때 무슨 일이 일어났는가? 그리고 그것은 이스라엘의 미래에 대하여 무엇이라 말하는

---

44) Morales, *Tabernacle Pre-Figured*, 73-90.

가? 아담/이스라엘의 넘어짐이 하나님께서 그분의 창조 명령을 통하여 복을 주시려는 뜻을 좌절시켰는가?

5

아담-이스라엘의 연관성

호세아 선지자에 의하면, 이스라엘의 불순종은 아담의 불순종과 비슷하다. "그들은 아담처럼 언약을 어기고 거기에서 나를 반역하였느니라"(호 6:7). 아담(남자와 여자)은 분명히 에레쯔(땅)에 충만하고 그것을 정복하도록 복을 받았다(창 1:28). 이집트 땅에서 이스라엘이 놀랍도록 번성한 것은 창조 명령과 직접적으로 연결되어 있다. "이스라엘 자손은 생육하고 불어나 번성하고 매우 강하여 온 땅에 가득하게 되었더라"(출 1:7). 이 번성은 다름 아닌 하나님이 아브라함의 자손에게 약속하신 **복**의 결과가 확실하다(출 1:9; 창 18:18; 민 22:6을 참고하라). 하나님은 한 작은 가족을 이집트로 데리고 오셔서 거기서 그들을 한 민족으로 만드셨다. 하나님께서 동산 밖에서 아담을 창조하신 것처럼, 그분은 그 땅 밖에서 그들이 한 나라가 되도록 창조하셨고, 궁극적으로 그들을 그 땅 안으로 데리고 오려고 하셨다. 사실 아담을 동산 안으로 데리고 오거나 그곳에 둔다는 표현에 사용된 단어들은 특별히 신명기와 여호수아서에서 하나님이 이스라엘을 약속의 땅으로 데리고 오시는 행위를 묘사하는 데 사용되었다(창 2:15; 신 12:10; 수 22:4).[45]

창조 명령에서 정복에 사용된 용어가 나중에 다윗 왕이 다른 민족들을 정복하는 것을 설명하는 데 사용된 것은 우연이 아닐 것이다(창 1:28; 삼하 8:11을 비교해 보라). 그리고 아담이 창조 세계와 그 안의 동물들을 다스리는 데 사용된 단어들이 솔로몬 왕의 다스림을 설명할 때 사용된 것도 마찬가지다(왕상 4:21, 24, 33). 아담에게, 그리고 이후에 이스라엘에게 주어진 명령은 이스라엘을 다스린 왕들에 의하여 대리적으로 이루어졌다(시 8:4-8에서도 볼 수 있다).

아담이 동산에서 계속 사는 것은 그가 하나님의 계명에 순종하느냐에 달려 있다. 순종은 동산 안에서 사는 것을 의미하고, 불순종은 밖으로 쫓겨나 죽는 것을 의미한다(창 2:16-17; 3:19, 23-24). 마찬가지로, 시내산 언약 아래에서 이스라엘이

---

45) 동산의 지리적인 위치의 특징은 약속의 땅처럼 강들로 둘러싸였다는 것이다(창 2:10-14; 15:18).

약속의 땅에서 사는 것은 그들이 하나님의 계명에 순종하느냐에 달려 있다. 순종은 그 땅 안에서 사는 것을 의미하고, 불순종은 밖으로 쫓겨나 죽는 것을 의미한다(신 30:15-20).[46]

영리함과 저주 받음

그러나 아담이 그 땅으로 인도된 후, 땅을 정복하고 그 땅에 거하는 생물들(inhabitants)을 다스리며, 죽음보다 생명을 택하라는 명령은, 다른 피조물들보다 더 **영리한**(아룸, 개역개정에는 "간교한" – 역자 주) 것으로 묘사된(창 3:1) 그 동산에 거하는 한 생물(inhabitant)에 의하여 좌절되었다. 아담과 하와는 그 미혹하는 자의 유혹에 금세 넘어갔다. 그 뱀은 반역의 결과로 저주를 받았다(창 3:14). 이스라엘도 마찬가지로 처음에는 그 땅과 거주민들(inhabitants)을 정복하는 전쟁에 성공했으나, 그것은 매우 영리하지만 이후에 저주받은 그 땅의 거주민들(inhabitants)에 의하여 금세 퇴색되었다.

---

46) 신 30:15-20에 나오는 이스라엘의 선택과 불순종의 결과를 설명하는 데 사용된 용어들은 창 2-3장의 아담의 선택과 불순종의 결과를 암시하려는 의도로 사용되었다: 삶과 죽음, 선과 악, 복과 저주.

¹그런데 뱀은 여호와 하나님이 지으신 들짐승 중에 가장 **간교하니라**(영리하다, 아룸)

¹⁴여호와 하나님이 뱀에게 이르시되 "네가 이렇게 하였으니 네가 모든 가축과 들의 모든 짐승보다 더욱 저주를 받아 배로 다니고 살아 있는 동안 흙을 먹을지니라"

창세기 3:1, 14 필자 강조

³기브온 주민들이 여호수아가 여리고와 아이에 행한 일을 듣고

⁴**꾀를 내어**(베오르마, '간교'와 같은 어근 – 역자 주) 사신의 모양을 꾸미되 해어진 전대와 해어지고 찢어져서 기운 가죽 포도주 부대를 나귀에 싣고

²³"그러므로 너희가 저주를 받나니 너희가 대를 이어 종이 되어 다 내 하나님의 집을 위하여 나무를 패며 물을 긷는 자가 되리라."

여호수아 9:3-4, 23 필자 강조

여호수아가 이 거주민들과 언약을 맺은 결과, 이스라엘은 그들의 신들에게 미혹되어 하나님을 버리게 되었고, 이후에 그들은 약속의 땅에서 쫓겨나는 벌을 받게 되었다.⁴⁷⁾ 그래서

---

47) 수 9장(15, 24절을 보라)에 신 7:1-4의 명령들(가나안 사람들이 이

여호수아는 이전에 모세가 말한 것처럼, 가나안 사람들이 그 땅에 계속 남아 있으면 이스라엘이 다른 신들을 섬김으로 언약을 깨뜨리게 될 것이라고 확실히 말할 수 있었다(수 23:15-16; 신 31:16-21을 참고하라). 토라와 여호수아서에 이런 확실한 예언들이 나오기 때문에 사사기에 가나안 사람들이 남아 있음으로 인하여 이스라엘에게 무시무시한 위험이 기다리고 있다는 사실은 놀랄 일이 아니다.

> ¹여호와의 사자가 길갈에서부터 보김으로 올라와 말하되 "내가 너희를 애굽에서 올라오게 하여 내가 너희의 조상들에게 맹세한 땅으로 들어가게 하였으며 또 내가 이르기를 '내가 너희와 함께 한 언약을 영원히 어기지 아니하리니
> ²너희는 이 땅의 주민과 언약을 맺지 말며 그들의 제단들을 헐라' 하였거늘 너희가 내 목소리를 듣지 아니하였으니 어찌하여 그리하였느냐?
> ³그러므로 내가 또 말하기를 '내가 그들을 너희 앞에서 쫓아

스라엘로 하여금 다른 신들을 섬기게 하지 못하도록 그들과 언약하지 말라)을 많이 언급한 것은, 저자가 여호수아와 기브온 주민들과의 언약으로, 이스라엘이 약속의 땅을 차지하고, 더 중요하게는 아담을 대신하여 창조 명령을 이루기 위한 그들의 성공적인 군사 활동이 끝났다고 본다는 것을 강력히 나타내고 있다(신 11:16을 보라).

내지 아니하리니 그들이 너희 옆구리에 가시가 될 것이며 그들의 신들이 너희에게 올무가 되리라' 하였노라."

사사기 2:1-3

바벨론 강가에서

다시 아담과 하와의 이야기로 돌아가면, 우리는 그들이 불순종으로 인하여 동산의 동쪽으로 쫓겨났다는 것을 읽는다. 그들은 결국 거기서 죽었다(창 3:23-24; 5:5). 아담의 자손들은 계속해서 그 특별한 동산-땅에서 점점 멀리 동쪽으로 이동했고, 마침내 그들은 바벨론에 이르게 되었다(창 11:1-9). 하나님은 그 바벨론에서 아담과 하와 및 셋과 노아와 셈의 후손인 한 씨가 나게 하셔서, 다시 그 동산-땅으로 가서 그것을 정복하고, 다스리고, 아담의 타락으로 비참하게 잃어버린 복을 회복하게 하셨다(창 11:10-12:9). 즉, 하나님은 여자의 씨를 통하여 창조 세계에 대한 하나님의 복된 통치를 회복하시려고 아브람을 택하셨다.

전선지서에 나오는 이스라엘의 이야기는 이런 예측 가능한 흐름을 따라간다. 하나님께서 궁극적으로 이스라엘이 아담의 부르심을 성취하도록 한 왕조(다윗 왕조)를 택하셨지만, 그것은 이미 예측된 이스라엘의 언약에 대한 불순종과 그에 따른 추방, 다른 곳도 아닌 바벨론으로 추방되는 일이 있기 전에는 이루어지지 않는다(왕하 25장; 신 4:26-30을 보라). 우리는 여기서 전선지서의 마지막 구절들이 창세기 1-11장의 조상들의 행위(마아세 아봇)가 가리키는 표징의 역할을 한다는 것을 볼 수 있다. 아담의 불순종으로 그와 그의 후손들이 바벨론으로 가게 된 것처럼(창 11:1-9), 이스라엘의 불순종으로 이스라엘과 그 자손들이 바벨론으로 끌려가게 되었다(왕하 25장). 그뿐만이 아니라, 창세기 11장의 "첫 번째 바벨론 포로기"의 이야기가 하나님께서 그분의 창조의 목적을 다시 일으키기 위하여 사용하실 한 자손(아브라함)에게 초점을 맞추며 희망적으로 마치는 것처럼, "두 번째 바벨론 포로기"의 이야기도 하나님께서 궁극적으로 그분의 창조의 목적을 이루기 위하여 사용하실 한 자손(여호야긴)에게 초점을 맞추며 희망적으로 끝맺는다(창 12:1-3과 왕하 25:27-30을 비교해 보라).

토라의 시

그러므로 이스라엘 민족 전체가 시내산 언약 아래에서 창조 명령을 이루는데 실패하고, 불순종으로 인하여 그 땅에서 쫓겨나는 벌을 받게 된다는 것은 온전히 예측된 일이다. 또한 이 패턴을 따르면, 이스라엘이 최종적으로 창조 명령을 이루는 것은 유다 지파에서 난 한 왕을 통하여 된다는 것도 예상할 수 있다. 마틴 노스(Martin Noth)는 신명기적 역사서(신명기, 여호수아서, 사사기, 사무엘서, 열왕기서)에 관한 그의 획기적인 연구에서, 성경 저자가 이스라엘의 이야기를 해석하는데 사용하는 중요한 문학적 장치 가운데 하나인 큰 연설 또는 시에 주목했다.[48] 존 세일해머(John Sailhamer) 역시 토라 이야기의 주요 연결 부분들에 등장하는 시적 장르에 속하는 연설

---

48) Martin Noth, *The Deuteronomistic History* (Sheffield: Sheffield Academic Press, 1981) 5. 우리가 이 연설들을 "문학적 장치"라고 말했지만, 그것이 이 연설들의 역사성을 부정하는 것은 결코 아니다. 오히려, 우리는 전선지서가 말하고 있는 이스라엘의 역사 속에서 중요한 순간들에 등장하는 이 연설들의 위치와, 그 안에 담겨 있는 공통적으로 반복되는 주제들이, 이 연설들이 이스라엘의 역사를 연결시켜 줄 뿐만 아니라, 그것에 의미를 부여하고 있다는 점을 강력하게 보여주고 있다고 말하는 것이다.

들의 중요성을 강조했다.[49]

토라 이야기에 나오는 시적인 연설들

타락에 대한 하나님의 응답 (창 3:14-19)

야곱이 아들들을 축복하다 (창 49장)

모세의 노래 (출 15장)

발람의 신탁 (민 23-24장)

모세의 노래와 이스라엘에 대한 마지막 축복
(신 32-33장)[50]

토라의 시적 연설들 가운데 전부는 아니더라도 그 대부분이 같은 언어와 반복되는 주제를 공유하고 있다는 사실은 토라 이야기 전체가 문학적으로, 그리고 신학적으로 하나의 큰 덩어리로 결합되어 있음을 보여준다. 중요한 것은, 토라에 나

---

49) John Sailhamer, *Pentateuch as Narrative* (Grand Rapids: Zondervan, 1995), 36.

50) 여기에 포함되지 않은 다른 시적 연설들은 다음과 같다: 창 2:23; 9:25-27; 12:1-3; 24:60; 27:28-29; 출 17:16; 민 21:17-18, 27-30.

오는 가장 큰 시적 연설 네 개[51] 가운데 세 개가 마지막 날들에 일어날 일들에 관하여 말하고 있다는 점이다(창 49:1; 민 24:14; 신 31:29).

이후에 나오는 세 장에서 우리는 아래의 세 개의 시적 연설들과 그 의미를 다룰 것이다. 이것은 토라의 신학을 이해하는 것만이 아니라 히브리어 성경의 메시아 사상과도 연결되는 것이다.

> 타락에 대한 하나님의 응답 (창 3:14-19)
> 야곱이 아들들을 축복하다 (창 49:1-28)
> 발람의 신탁 (민 24:1-24)

---

51) 네 번째 시는 출 15:1-21에 나오며 바다에서의 노래로 알려졌다.

6

첫 번째 시: 타락에 관한 하나님의 응답
(창 3:14-19)

창세기 3장을 전반적으로 알아보고 특히 3:14-19를 살펴보기 위해서, 하나님의 아들[52]로 그려진 아담에게 하나님께서 땅을 정복하고 그 안의 모든 피조물을 다스리라고 명령하신 것을 떠올려 보자. 토라 이야기가 날들의 "시작"("태초" - 역자 주)으로 시작되기 때문에, 아담의 이야기는 인류 최초의 "왕"에 대하여 말해주고 있다. 그 왕의 통치는 **날들의 시작**에 시작되었으나, 뱀에 의하여 미혹되어, 그 땅을 정복하고 다스

---

[52] 하나님은 아담의 계보 제일 앞에 나타나심으로, 아담이 바로 하나님께서 그를 통하여 세상을 통치하실 하나님의 아들이라는 것을 암시적으로 나타내셨다(창 5:1-4를 보라). 아담이 셋의 아버지이고, 셋이 에노스의 아버지라면, 아담의 아버지는 누구겠는가? 답은 명확하다. 하나님이다!

리는 일에 실패했다. 그는 하나님께서 그 땅을 다스리도록 주신 이 통치를 빼앗기고, 그 땅에서 쫓겨났으며, 그 동산-성소에서 추방당한 것으로 인하여 그의 제사장직을 상실했다. 아담이 창조 세계를 다스리도록 왕과 제사장으로 부르심을 받았다는 관점을 가져야만, 하나님이 시내산에서 이스라엘을 부르신 것을 이해할 수 있다. "너희가 내게 대하여 **제사장 나라**가 되며 거룩한 백성이 되리라"(출 19:6, 필자의 강조). 창세기 3:14-19에서, 하나님은 뱀과 여자와 남자에게 심판을 내리신 것만이 아니라, 인류에게 왕위와 제사장직을 회복시킬 그분의 계획을 (의도적으로 애매한 표현을 사용하여)[53] 세우기도 하셨다. 하나님은 창조 세계에 대한 그분의 통치를 여자의 후손을 통하여 다시 세우고자 하셨다!

[14]여호와 하나님이 뱀에게 이르시되 "네가 이렇게 하였으니, 네가 모든 가축과 들의 모든 짐승보다 더욱 저주를 받아, 배로 다니고, 살아 있는 동안 흙을 먹을지니라.

---

53) John Sailhamer, *Genesis*, EBC, vol. 2 (Grand Rapids: Zondervan, 1990), 56은 창 3:15에 대하여 이렇게 설명했다. "15절은 여전히 헷갈리지만 중요한 모호함을 포함한다. 여자의 '씨'는 누구인가? 이 구절의 목적은 질문에 답하기보다는 그 질문을 제기하기 위함이라는 것이 분명해 보인다. 이 책의 나머지 부분이 저자의 답이다."

> ¹⁵내가 너로 여자와 원수가 되게 하고, 네 후손도 여자의 후손과 원수가 되게 하리니, 여자의 후손은 네 머리를 상하게 할 것이요, 너는 그의 발꿈치를 상하게 할 것이니라."
>
> 창세기 3:14-15

메시아 사상과 관련하여 이 구절을 이해하기 위해서, 먼저 다음의 세 가지 중요한 질문에 답해 보도록 하자.

(1) 뱀은 단지 파충류일 뿐인가?
(2) 여자의 후손이 가리키는 것은 한 집단(이스라엘)인가 아니면 한 개인(메시아)인가?
(3) 여자의 후손과 뱀의 후손 중에 누가 더 큰 치명타를 입는 것인가?

동산의 흔한 파충류?

토라나 히브리어 성경에서 명시적으로 뱀이 사탄이라고 말한 것은 없지만,[54] 이 본문은 뱀이 하나님의 다른 모든 피

---

54) 그러나 신약 성경은 그 뱀을 마귀로 본다(계 12:9; 20:2; 롬 16:20은

조물들과 달리 특이한 존재라는 것을 명확하게 보여주고 있다(물론 인간은 예외다). 뱀은 다른 모든 들짐승들보다 영리했고, 그 증거로 뱀은 말하고, 생각하고, 하나님의 말씀에 대적하기까지 했다. 게다가 본문에 뱀의 반역의 결과로 뱀의 후손과 여자의 후손 사이에 계속되는 전쟁이 있을 것이 분명하게 나타나지만, 그 전쟁은 그 뱀 자체를 처리하기 전까지는 끝나지 않을 것이다. 즉, 본문은 그 뱀이 그 후손보다 더 오래 살게 될 것이라는 점을 보여준다. 신약 성경의 저자들이 그 뱀을 인류의 최대의 적인 사탄과 동일시한 것은 무척 당연한 일이다.

여자의 씨는 집단적 이스라엘인가 아니면 개인적 메시아인가?

이 본문을 해석하기 위해서는, 이 구절에 "씨"라는 단어가 의도적으로 모호하게 사용된 것을 아는 것이 중요하다(창 3:15에서 "후손"으로 번역된 히브리어 단어[제라]는 원어적으로

창 3:15를 암시하는 것일 가능성이 크다).

"씨"를 의미한다 – 역자 주). 히브리어에서 "씨"는 한 집단(후손들)으로 해석될 수 있지만, 한 개인(후손)으로도 해석이 가능하다. 창세기 3:15는 독자들에게 전략적으로 중요한 질문을 제기하고 있으며, 그에 대한 답은 토라의 나머지 이야기를 신중하게 읽어야 발견할 수 있다.

뱀의 머리를 밟을 그 씨는 사람들의 집단(이스라엘)인가, 아니면 한 개인인가? 이 질문에 답하기 위하여 이 구절을 구문론적으로, 그리고 문맥적으로 생각해 보자. 잭 콜린스(Jack Collins)는 씨라는 단어가 집합으로 사용된 것과 개인으로 사용된 것의 구문적 차이에 관한 그의 연구[55]에서, 그 씨가 집단인가 아니면 개인인가를 정하는데 있어서 대명사가 매우 중요하다고 결론 내렸다. 씨가 집단을 의미할 때 그것을 가리키는 대명사는 항상 복수다. 예를 들어, 창세기 15:13은 다음과 같다. "여호와께서 아브람에게 말씀하시기를 '너는 확실히 알아라. 네 **자손**(씨)이 **그들**(복수 대명사)의 것이 아닌 땅에서 객이 되어 거기서 종들이 되겠고, **그들**(복수 대명사)은 사백 년 동안 고통을 당할 것이다'"(필자의 강조).[56]

---

55) Jack Collins, "A Syntactical Note (Genesis 3:15): Is the Woman's Seed Singular or Plural," *Tyndale Bulletin* 48.1 (1997), 139-49.
56) "씨"가 복수 대명사로 사용된 다른 예는 창 17:7-10; 48:11-12에 있다.

콜린스에 의하면, 씨가 개인을 의미할 때 그것의 대명사는 항상 단수다. "그리고 내가 여종의 아들로 한 민족을 만들 것이니, 이는 **그**(단수 대명사)가 네 **자손**(씨)이기 때문이라."(창 21:13, 필자의 강조).[57] 여기서 씨는 이스마엘을 가리키기 때문에, 단수 대명사인 "그"가 사용되었다. 창세기 3:15도 이와 같은 경우다. "내가 너로 여자와 원수가 되게 하고, 네 후손(씨)도 여자의 **후손**(씨)과 원수가 되게 하리니, **그**(단수 대명사)는 네 머리를 상하게 할 것이요, 너는 **그**(단수 대명사)의 발꿈치를 상하게 할 것이니라"(필자의 강조).

콜린스의 구문론적 결론들이 일반적으로 받아들여졌지만, 그것이 완전히 확정적인 것은 아니다. 특히 그의 이론에 대하여 문제가 되는 구절은 창세기 22:17-18이다. "내가 네게 큰 복을 주고, 네 **후손**(씨)을 크게 번성하여 하늘의 별과 같고 바닷가의 모래와 같게 하리니, 네 **후손**(씨)이 **그**(단수 대명사)의 대적의 성문을 차지하리라. 또 네 **후손**(씨)으로 말미암아 천하 만민이 복을 받으리니 이는 네가 나의 말을 준행하였음이니라"(필자의 강조). 여기서 씨가 세 번 사용되었는데, 그중에서 첫 번째인 "하늘의 별과 같은 **씨**"는 명백하게 복수다. 그

---

57) 다른 예로 삼상 1:11; 삼하 7:12-15가 있다.

런데 두 번째인 "네 **씨**가 **그**(단수)의 대적의 성문을 차지하리라"에는 단수 대명사가 사용되었다. 이제 우리는 해석상의 문제에 직면하게 되었다. 확실하게 집단을 가리키는 첫 번째의 씨가, 두 번째 대명사의 의미를 "**그들**(집단의 의미를 갖는 단수 대명사)의 대적의 성문"으로 결정하는가? 아니면 우리는 이 구절에서 두 번째와 세 번째에 나오는 씨를, 열방이 그를 통하여 복을 받게 될 한 개인으로 해석할 수 있는가?

감사하게도, 히브리어 성경의 다른 곳에서 이 구절의 해석에 도움을 주는 증거를 발견할 수 있다. 시편 72편은 시편 제1권과 제2권[58]의 결론 역할을 하는, 구조적으로 중요한 시편이다. 시편 72편과 시편 2편은 중요한 공통점들을 갖는데, 시편 2편은 시편 1편과 함께 많은 학자들에 의하여 시편 제1권의 서론으로 공식적으로 인정받고 있는 시편이다. 시편 2편과 72편은 다윗 계통의 고귀한 왕에 대하여 주목하고 있으며, 그 왕의 다스림은 땅 끝까지 이른다(시 2:8; 72:8). 그뿐 아니라, 시편 72편은 토라에 나오는 몇 개의 시적 연설들을 암시하고 있는데,[59] 그것은 이 시편의 저자가 이 메시아-

---

58) 제1권 (시 1-41편), 제2권 (시 42-72편).
59) 다음 구절들을 비교해 보라. 시 72:8과 민 24:19과 슥 9:10-11; 시 72:9과 창 3:14; 시 72:11과 창 27:29.

왕을 토라의 핵심 예언들을 이룰 자로 본다는 것을 나타낸다. 유익한 것은, 시편 72:9, 17이 창세기 22:17-18의 씨가 누구인가에 관한 성경 내적 해석을 제공한다는 것이다.

⁹광야에 사는 자는 그 앞에 굽히며 그의 원수들은 티끌을 핥을 것이며…
¹⁷그의 이름이 영구함이여 그의 이름이 해와 같이 장구하리로다! 사람들이 그로 말미암아 복을 받으리니, 모든 민족이 다 그를 복되다 하리로다!
시편 72:9, 17

¹⁷내가 네게 큰 복을 주고, 네 씨가 크게 번성하여 하늘의 별과 같고 바닷가의 모래와 같게 하리니, 네 씨가 그의 대적들의 성문을 차지하리라.
¹⁸또 네 씨로 말미암아 천하 만민이 복을 받으리니…
창세기 22:17-18

시편 72:17은 창세기 22:18을 거의 그대로 말하고 있다. 그리고 이 시편 기자는 창세기 22:17의 "**그**의 대적들"에서 "그"를 아브라함의 "씨" 한 개인을 가리키는 것으로 보고, 18절에 그를 통하여 모든 민족이 복을 받게 될 그 씨를 한 왕 개인으로 해석했다. 이것이 우리가 "**그**가 네 머리를 상하게 할 것이요"(필자의 강조)에서 말하는 여자의 씨를 한 개인으로 보는 첫 번째 단서다.

뱀의 씨는 누구 또는 무엇인가? 토라 이야기의 몇 가지 단서들을 보면 뱀의 씨는 새끼 뱀을 가리키는 것이 아니라, 여자의 택함 받은 씨의 대적들을 말한다. 예를 들면, 창세기의 다음 장에서 우리는 아벨을 대적하여 저주를 받는 가인의 이야기를 읽는다(창 4:11; 3:14를 비교해 보라). 마찬가지로, 함의 그릇된 행동으로 그의 아들은 뱀의 운명을 갖게 되었다: "가나안은 저주를 받으리니"(창 9:25). 그 다음에 창세기 12:3을 보면, 아브라함(그리고 그의 씨)을 저주하는 모든 사람들도 뱀의 운명을 갖게 될 것이다: "너를 저주하는 자에게는 내가 저주하리니"(창 12:3). 그러므로 토라의 이야기에 의하면, 뱀의 씨는 택함 받은 씨를 저주하고, 그리하여 뱀과 운명을 함께하는 자들을 말한다.

바로 다음 4장에서는, 아담의 장자가 아벨을 죽이고, 그로 인하여 하나님이 하와에게 다른 씨를 주신다. 놀라운 것은, 하와가 하나님께서 주신 것에 대하여 말할 때 사용한 표현이 히브리어 성경 전체에서 오직 창세기 3:15에서만 발견된다는 점이다.

아담이 다시 자기 **아내**(여자)와 동침하매, 그가 아들을 낳아 그의 이름을 셋이라 하였으니, 이는 하나님이 내게 가인이 죽인 아벨 대신에 다른 **씨를 주셨다** 함이며 창세기 4:25 필자의 강조	**내가** 너로 **여자**와 원수가 **되게 하고** 네 후손(**씨**)도 여자의 후손(**씨**)과 원수가 되게 하리니, 여자의 후손(원문, 그)은 네 머리를 상하게 할 것이고 너는 그의 발꿈치를 상하게 할 것이니라 하시고. 창세기 3:15 필자의 강조

 창세기 4:25의 "아내"는 창세기 3:15의 "여자"와 같은 단어다(히브리어 '잇샤' – 역자 주). 게다가 하와가 말한 "하나님이 … 다른 씨를 주셨다"에서 "주셨다"는 창세기 3:15에서 "내가 … 원수가 **되게 하고**"에서 "되게 하고"와 동일한 단어(히브리어 '쉬트' – 역자 주)를 사용하고 있다. 마지막으로, 하와는 하나님께서 자기에게 다른 "씨"를 주셨다고 했다. 히브리어 본문으로 보면 창세기 4:25에서 하와는 3:15를 염두에 두고 말한 것이 분명하다. 또한 하와가 창세기 3:15의 "여자의 후손(씨)"을 집단의 의미가 아니라, 뱀을 이길 한 아들 개인으로 해석한 것 역시 확실하다.

씨와 뱀 중에 누가 더 큰 치명타를 입는가?

많은 사람들이 이 질문의 답을 확실히 알 것이기 때문에 질문 자체는 큰 의미가 없다. 그런데 사실은 질문 자체가 함정이다. 이 질문에 대한 답은 둘 중 어느 하나가 아니라 양쪽 모두다. 어떤 사람들은 "잠깐만, 머리를 치는 게 발을 치는 것보다 훨씬 치명적이잖아"라고 반박할 수도 있다. 인간 대 인간의 경우라면 당연히 맞는 말이다. 그러나 이 경우는 다르다. 이것은 인간 대 뱀의 경우다. 사람이 뱀을 죽이려고 할 때에는 당연히 머리를 친다. 그러나 뱀이 사람을 죽이려고 할 때에는 발을 문다. 이 사실은 창세기 49:17을 보면 명확하게 알 수 있다. "단은 길섶의 뱀이요, 샛길의 독사로다. 말의 발목을 물어서 그 탄 자를 뒤로 떨어지게 하리로다." 신기하게도 하나님의 뱀에 대한 심판에는 여자의 씨도 치명상을 입게 된다는 예언이 포함되어 있다. 그러면 이것은 토라의 이야기에 승자는 없고 모두가 패자라는 비극으로 끝난다는 것을 의미하는가? 아니면 이것은 뱀에 대한 최후의 승리를 얻을 것이지만 큰 희생을 치르게 될 것을 의미하는가? 토라에서 마지막 날들에 대하여 말하는 다른 두 개의 시적 연설들인 창세기 49장과 민수기 24장을 보면, 우리는 토라의 이야기가 해

피 엔딩으로 끝난다는 것을 보게 될 것이다. 그런데 창세기 3:15는 우리에게 메시아 왕이 오시는 영광에 대하여 미리 알려주는 것만이 아니라, 오실 메시아 왕이 고난 받으실 것에 대해서도 알려주고 있다. 창세기 1:28에 나오는 하나님의 뜻이 이루어질 것이지만, 창조 세계를 되찾는 일에는 큰 고난과 죽음이 수반된다.

여자의 씨 중 하나인 노아

사실 창세기 3:15는 메시아 사상의 근원이다. 비록 아담이 창조 세계에 대한 그의 왕위와 제사장직을 잃어버리고, 이스라엘도 아담과 같이 될 것이지만, 창세기 3:15는 여자의 씨 한 사람이 올 것을 내다보고 있다. 그는 제사장-왕이며 또 다른 아담으로, 힘든 싸움이 없지는 않겠지만, 결국은 뱀과 그의 후손들을 물리칠 것이다. 우리가 창세기 3:15의 의미를 온전히 이해하기 위해서, 또 다른 아담이자 왕-제사장이고, 하나님의 창조의 목적을 다시 세우도록 부름 받은 노아의 이야기를 간략하게 살펴보자.

토라의 저자가 여자의 씨를 후대의 아담과 같은 인물로 보고 있다는 것은 저자가 노아를 설명하는 곳에 분명하게 나타난다. 그리고 그것은 노아의 이름(히브리어로 "쉼, 안식")에 가장 명확하게 드러난다. "그의 이름을 노아(쉼)라 하여 이르되 '여호와께서 땅을 저주하시므로, 수고롭게 일하는 우리를 이 아들이 안위하리라' 하였더라"(창 5:29).[60] 여기서 창세기 3:14-19의 시적 연설, 특히 17-19절의 내용을 말하는 것을 볼 때, 노아는, 적어도 좁은 의미에서, 창조 세계를 타락 이전의 상태로 회복시킬 여자의 씨로 묘사되고 있다. 쉼/안식이라는 이름을 가진 노아가 어떻게 창조 세계에 안식을 가져오는가? 잠시 후에 이 질문에 답할 것이다. 그러나 지금은 잠시 멈춰서, 토라의 저자가 창세기 3:15의 말씀을 이룰 것으로 기대하는 노아라는 인물에 대하여 생각해 보자. 여자의 씨는 아담의 실패를 되돌릴 또 하나의 아담일 것이다.

"조상들의 행위는 자손들의 표징이다"(마아세 아봇)의 관점에서 보면, 노아와 아담 사이에 분명하게 보이는 유사점들을 찾을 수 있을 것이다. 그것은 그 둘이 승리한 부분에서 볼 수 있지만, 애석하게도 그들이 실패한 부분에서도 발견할 수 있

---

60) "안위하다"에 해당하는 히브리어(나함 - 역자 주)는 "안식"(노아흐)에 해당하는 히브리어와 두 개의 같은 자음(n, h)을 공유하며, 노아의 이름에 대한 언어유희의 목적으로 사용된 것이 분명하다.

다. 첫째, 이전에 아담의 경우처럼, 하나님은 노아에게도 동물들을 데리고 오심으로 그의 창조 세계에 대한 다스림을 보여주신다(창 2:19; 7:9; 1:28과 비교해 보라). 둘째, 하나님께서 노아와 그의 자녀들을 하나님의 심판을 통과하여 안전히 인도하신 후에, 노아는 약간 변경된 형태의 창조 명령과 복을 받는다.

[1]하나님이 노아와 그 아들들에게 복을 주시며 그들에게 이르시되 "생육하고 번성하여 땅에 충만하라.

[2]땅의 모든 짐승과 공중의 모든 새와 땅에 기는 모든 것과 바다의 모든 물고기가 너희를 두려워하며 너희를 무서워하리니, 이것들은 너희의 손에 붙였음이니라.

[3]모든 산 동물은 너희의 먹을 것이 될지라. 채소 같이 내가 이것을 다 너희에게 주노라.

[28]하나님이 그들에게 복을 주시며 하나님이 그들에게 이르시되 "생육하고 번성하여 땅에 충만하라, 땅을 정복하라, 바다의 물고기와 하늘의 새와 땅에 움직이는 모든 생물을 다스리라" 하시니라.

[29]하나님이 이르시되 "내가 온 지면의 씨 맺는 모든 채소와 씨가진 열매 맺는 모든 나무를 너희에게 주노니, 너희의 먹을거리가 되리라.

[30]또 땅의 모든 짐승과 하늘의

⁴그러나 고기를 그 생명 되는 피째 먹지 말 것이니라."

창세기 9:1-4

모든 새와 생명이 있어 땅에 기는 모든 것에게는 내가 모든 푸른 풀을 먹을거리로 주노라" 하시니 그대로 되니라.

창세기 1:28-30

노아는 그의 조상 아담과 마찬가지로, 복을 받고(**복**), 땅에 충만하라는 명령을 받으며(**씨, 후손**), 창조 세계의 피조물들을 다스리는 권위를 받는다(**땅**). 그리고 두 경우 모두, 창조 명령이 먼저 나오고 먹을 것의 공급과 제한 사항이 뒤따른다.

노아가 아담과 비슷한 점은 짐승들을 다스리는 것과 창조 명령만이 아니라, 셋째로, 그는 아담의 실패와 같은 일을 한다. 아담의 실패 이야기와 노아의 실패 이야기의 유사한 부분들을 보라. 그것은 동산/포도원을 가꾸고(창 2:8; 9:20), 거기서 나는 열매를 먹으며(창 3:6; 9:21), 수치스러운 벌거벗음과(창 3:7; 9:21), 수치스러운 것을 알게 되는 일과(창 3:7; 9:24), 그 벌거벗음을 덮는 것(창 3:7, 21; 9:23), 그리고 예속을 포함한 저주의 선포(창 3:14; 9:25)다. 유감스럽게도, 노아의 실패는 그가 여자의 씨 중 **하나**지만, **궁극적인** 여자의 씨는 아니라는 것을 보여준다. 그의 승리는 부분적이었으나, 최종적인 승리는 아니었다. 그래서 여자의 씨와 뱀의 씨, 즉 이 경우에는 가나안인들(창 9:25)과의 전쟁은 계속될 것이다.

이제 우리는 스스로에게 이런 질문을 해야 한다. 노아는 어떤 의미에서 창세기 3장의 저주로부터 안식을 가져왔는가? 방주를 만듦으로? 홍수에서 살아남음으로? 아니다! 이 이야기와 관련하여 노아의 가장 큰 업적은 방주를 만든 것이나 홍수에서 살아남은 것이 아니라, 제단을 쌓고 희생제사를 드림으로 제사장의 역할을 행한 것이다! 이 이야기에서 노아의 이름과 그것과 비슷한 형태의 단어들이 시적으로 사용된 것을 통해서 이것을 뚜렷하게 볼 수 있다. 노아(노아흐)가 땅에 안식(나함)을 가져올 것이다(창 5:29). 하나님이 사람을 지으심을 한탄하셨으나(나함), 노아(노아흐)는 하나님의 눈에 은혜(헨, 노아흐 자음의 역순 단어)를 입었다(창 6:6-8). 일곱째 달에 방주가 산에 머물렀으나(누아흐), 비둘기가 발붙일 곳(마노아흐)을 찾지 못했다(창 8:4, 9). 그러나 이 이야기의 클라이맥스는 노아가 제단을 쌓고 주께 희생 제사를 드리자(창 8:20), 주님께서 그 향기를 **기쁘게 받으신**(니코아흐, 노아의 이름과 동일 어근) 것이다(창 8:21). 이 이야기의 이곳에 이르러야 노아가 "저주로부터 안식(위안)을 주다"라는 그의 이름에 합당한 일을 하는 것을 볼 수 있다. 그래서 창세기 8:21은 이렇게 말하고 있다.

> 여호와께서 그 향기(쉼을 주는)를 맡으시고 마음속으로 말씀하셨다. "내가 다시는 사람 때문에 땅을 저주하지 않겠다. 사람이 마음으로 의도하는 것이 어려서부터 악하기 때문에 내가 이번에 했던 것처럼 모든 생물을 다시는 멸하지 않겠다."
> 창세기 8:21 바른 성경

창세기 3:15의 새로운 아담이며 여자의 씨 중 하나인 노아를 넘어서는 이가 있다. 그는 단지 왕으로 다스리는 것만이 아니라, 제사장의 역할도 행함으로 창조 세계를 위한 하나님의 뜻을 다시 세울 것이다. 그 제사장은 평안과 안식을 회복하기 위하여 희생제사를 드린다. 그 새로운 아담(단수형의 씨)은 승리의 영광(머리를 부숨)을 누릴 것이지만, 또한 창세기 3장에서 잃어버린 것을 되찾기 위하여 고난과 죽음의 희생(발꿈치가 상함)도 치러야 할 것이다. 타나크에 나오는 모든 왕위와 제사장직은 궁극적으로 아담이라는 한 사람에게 기원을 두고 있다. 그리고 히브리어 성경의 모든 메시아 사상은, 그것이 왕에 대한 것이든 아니면 제사장에 대한 것이든, 그것 역시 아담이 그 근원이다.

7

두 번째 시: 야곱이 아들들을 축복하다 (창 49:1-28)

장차 올 여자의 씨, 새 아담의 중요성은 창세기의 계보에 가장 분명하게 나타난다. 토라의 저자가 아담으로부터 셈(창 9:26-27)을 지나서, 아브라함(창 12:1-3)과, 이삭(창 22:17-18)과, 야곱(창 27:28-29)에 이르는 계보를 써 내려가면서, 그 계통은 신속하게 구별되었다. 그러는 동안 토라의 저자는 아담의 진정한 자손을 찾기 위하여 택함 받지 않은 씨에서 택함 받은 씨를 계속 구별하고 있었다. 특이한 것은, 유다와 다말의 이야기가 야곱의 사랑하는 아들 요셉의 이야기 중간에 갑자기 삽입되었는데(창 38장), 만약 그것이 없었다면 요셉의 이야기는 부드럽게 연결되었을 것이다.[61] 그 중심적인 이야기

---

61) Gordon J. Wenham, *Genesis* 16-50, Word Biblical Commentary

가 여기서 잠깐 멈춘 것은, 창세기의 계보에 대한 관심 및 다윗의 혈통과 관련된 것으로, 아담에서 유다를 지나 베레스로 이동하려는 것이다(창 38:29; 룻 4:18을 보라).[62] 베레스가 태어나는 이야기 속의 미묘한 단서들은, 사실 베레스를 또 다른 야곱으로 묘사하고 있으며, 그렇게 함으로 그를 창세기 25:23과 27:28-29에서 하나님께서 야곱에게 하신 약속이 온전히 이루어지게 될 상속자로 만들었다.

[27]해산할 때에 보니, **쌍태**라. [28]해산할 때에 손이 나오는지라. 산파가 이르되 "이는 먼저 나온 자라" 하고 **홍색 실**을 가져다가 그 손에 매었더니,	[24]그 해산 기한이 찼즉 **태에 쌍둥이**가 있었는데, [25]먼저 나온 자는 **붉고** 전신이 털옷 같아서 이름을 에서라 하였고,

---

(Waco, TX: Word, 1987) 363은 이렇게 썼다. "언뜻 보기에 38장은 요셉의 이야기와 무관해 보인다. 이 장이 없었다면 이야기는 37:36에서 39:1로 자연스럽게 진행되었을 것이다. 이 장은 39-50장을 이해하는데 있어서 필요한 내용으로 보이지 않는다."

62) 룻은 토라의 메시아 사상을 다윗의 가문으로 연결시키는데 있어서 매우 중요하다. 다윗은 유다 지파에서 나온 것만이 아니라, 그는 베레스의 후손이기도 하다.

²⁶**후에 나온 아우는 손으로 에서의 발꿈치를 잡았으므로 그 이름을 야곱이라 하였으며,** 리브가가 그들을 낳을 때에 이삭이 육십 세였더라.

창세기 25:24-26,
필자의 강조

²⁹그 손을 도로 들이며 그의 아우가 나오는지라. 산파가 이르되 "네가 어찌하여 터뜨리고 나오느냐!" 하였으므로 그 이름을 베레스라 불렀고, ³⁰**그의 형 곧 손에 홍색 실 있는 자가 뒤에 나오니** 그의 이름을 세라라 불렀더라.

창세기 38:27-30,
필자의 강조

베레스와 야곱이 태어나는 이야기는 놀라울 정도로 비슷하다. 둘 다 어머니의 태 속에서 싸우는 쌍둥이에 대하여 말하고 있다. 두 이야기 모두 동생이 형의 자리를 차지하려고 하는데, 앞의 이야기에서는 형의 발꿈치를 잡고, 뒤의 이야기에서는 형을 밀쳐낸다. 그리고 두 이야기에서 밀려난 형들은 붉은 색을 갖고 있는데, 앞의 이야기에서는 그의 털이 붉고, 뒤의 이야기에서는 그의 손에 맨 실이 붉은 색이다.

세 아들이 물러나다

많은 사람들이 간과하지만 중요한 의미가 있는 이 야곱과 베레스의 유사점을 살펴보았으니, 이제 히브리어 성경의, 그리고 특히 토라의 메시아 사상에 있어서 창세기 49장의 중요성을 생각해 보자. 창세기 49:1에는 분명하게 야곱의 시적 축복이 마지막 날들에 관한 예언이라고 나온다. "야곱이 그 아들들을 불러 이르되, '너희는 모이라. 너희가 마지막 날들에 당할 일을 내가 너희에게 이르리라.'" 창세기 49:28에 이것이 축복이라고 나오지만, 49:2-7의 르우벤과 시므온과 레위에 관한 야곱의 말은 얼핏 보기에는 축복처럼 보이지 않는다. 르우벤은 빌하와 동침한 일로 비난을 받았다(창 35:22). 시므온과 레위는 세겜 사람들에게 잔인한 속임수와 폭력을 행한 일 때문에 이스라엘 중에 흩어지게 되었다(창 34:25-30). 야곱이 죽고 장사되기 직전에 그가 르우벤과 레위에게 한 가혹한 말들은, 모세가 죽고 장사되기 직전에 그가 르우벤(신 33:6을 보라)과 레위(신 33:8-11을 보라)에게 한 축복의 말과 너무나 극명하게 대비되며, 이것은 다음과 같은 질문을 갖게 한다. 야곱은 왜 그렇게 그의 열두 아들 가운데 첫째와 둘째와 셋째 아들에게 가혹한 것인가?[63] 이 물음에 대한 답은 창세기의 더 큰 맥락 가운데에 있는 야곱의 축복의 목적과 관련된다. 창세기가 택함 받은 계통을 계속 따라가는 것을 보면, 우리는 아담에서, 여자의 씨를 거쳐서, 아브라함(창 6:9; 11:10, 27)과, 이삭(창 25:19)과, 야곱(창 37:2)에 이르게 된다. 그리고 야곱의 열두 아들 모두를 통하여 난 자들은 택함 받은 사람들이며(창 49:28; 출 1:1-5; 신 33:1, 29), 이 이야기는 우리를 열방을 다스리며 뱀과 그 씨를 물리칠 한 씨, 새 아담에게로 이끌어 간다. 그러므로 야곱이 이스라엘 사람들 가운데 그의 첫째와 둘째와 셋째 아들을 버리는 것이 아니라, 오히려 그들이 자기들에게도 복을 받게 할 왕에게 길을 내주기 위하여 옆으로 물러나고 있는 것이다!

> [8]유다야 너는 네 형제의 찬송이 될지라. 네 손이 네 원수의 목을 잡을 것이요 네 아버지의 아들들이 네 앞에 절하리로다.
> [9]유다는 사자 새끼로다. 내 아들아, 너는 움킨 것을 찢고 올라갔도다. 그가 엎드리고 웅크림이 수사자 같고 암사자 같으니 누가 그를 범할 수 있으랴?

---

63) 모세의 축복에 시므온은 등장하지 않는다.

> ¹⁰규가 유다를 떠나지 아니하며, 통치자의 지팡이가 그 발 사이에서 떠나지 아니하기를 실로가 오시기까지 이르리니, 그에게 모든 백성이 복종하리로다.
>
> ¹¹그의 나귀를 포도나무에 매며, 그의 암나귀 새끼를 아름다운 포도나무에 맬 것이며, 또 그 옷을 포도주에 빨며, 그의 복장을 포도즙에 빨리로다.
>
> ¹²그의 눈은 포도주로 인하여 붉겠고, 그의 이는 우유로 말미암아 희리로다.
>
> 창세기 49:8-12

야곱의 유다에 대한 축복은 전통적으로, 그리고 정확하게, 메시아-왕이 유다 지파에서 나올 것에 대한 메시아 예언으로 해석되었다.[64] 그러나 우리의 목적을 위해서, 우리는 야곱의 마지막 날들의 왕에 대한 예언이 더 큰 이야기 속에 들어맞는다는 것을 놓쳐서는 안 된다. 먼저, 하나님의 계획 속에서 유다의 지파로서의 역할이 그의 형제들의 지지를 얻는 것이라는 점을 아는 것이 매우 중요하다: "너는 네 형제의 찬송이 될지라… 네 아버지의 아들들이 네 앞에 절하리로다"(8절).

---

64) 예를 들면, *Targum Onkelos*; *M. Sanhedrin* 98.72; *Genesis Rabba* 98.8; *Midrash Bereishit* 97.13; Rashi; Ramban을 보라.

야곱이 유다에 관하여 한 말인 **"네 아버지의 아들들이 네 앞에 절하리로다"**는 사실상 이삭이 야곱에게 한 말과 같다: "만민이 너를 섬기고, 열국이 네게 굴복하리니, 네가 형제들의 주가 되고, **네 어머니의 아들들이 네게 굴복하며**, 너를 저주하는 자는 저주를 받고, 너를 축복하는 자는 복을 받기를 원하노라"(창 27:29, 필자의 강조).

이삭이 야곱에 관하여 말한 신탁인 "네 형제들의 주가 되고… 네 어머니의 아들들이 네게 굴복하며"에서 가장 눈에 띄는 것은, 야곱과 에서의 이야기가 그 약속과 모순된다는 것이다! 첫째, 야곱에게는 오직 한 명의 형제만 있었다. 그래서 "네 형제들"과 "네 어머니의 아들들"은 맞지 않는 표현이다. 둘째, 야곱이 그의 형제들의 주로 부름을 받았지만, 야곱과 에서가 다시 만나는 이야기에서, 야곱은 계속해서 자신을 "당신의 종"으로, 에서를 "내 주"로 불렀다(창 32:4-5, 10, 18, 20; 33:5, 8, 13-15). 셋째, 이삭이 야곱에 대하여 "네 어머니의 아들들이 네게 절하며"라고 예언했지만, 우리는 야곱과 그의 가족이 에서에게 절했다는 것을 분명히 읽을 수 있다(창 33:3, 6-7). 저자는 왜 야곱과 에서의 관계가 이삭의 예언과 일치하지 않는다는 것을 보여주기 위해서 그렇게 애를 썼는가? 그 답은, 이삭이 비록 야곱에게 말했지만, 그의 말은 궁극적으로 야곱의 씨를 통하여 이루어진다는 것이며, 야곱은 나중에 그 씨가 유다 지파에서 나올 왕이라고 말한다(창 49:8). 이 왕을 통하여 아브라함 언약의 복과 저주가 임할 것이다. "너를 저주하는 자는 저주를 받고 너를 축복하는 자는 복을 받을 것이다"(창 27:29하; 민 24:9하를 보라).

장자권의 축복

후대의 성경 저자는 창세기 27:29에 나오는 야곱에 대한 약속과 창세기 49:8에 나오는 유다 지파에 대한 약속 사이의 연관성을 깨달았다. 그는 역대상 5:1-2에 이렇게 기록했다.

> ¹이스라엘의 장자 르우벤의 아들들은 이러하니라. (르우벤은 장자라도, 그의 아버지의 침상을 더럽혔으므로, 장자의 명분이 이스라엘의 아들 요셉의 자손에게로 돌아가서, 족보에 장자의 명분대로 기록되지 못하였느니라.
> ²유다는 형제보다 뛰어나고 주권자가 유다에게서 났으나, 장자의 명분은 요셉에게 있으니라).
>
> 역대상 5:1-2

역대기 저자의 표현을 보면 그가 사용한 성경 자료를 알 수 있다. 그가 르우벤에 관하여 쓴 것은 창세기 49:3-4에서 가져온 것이다. 장자권의 축복이 요셉에게 주어지는 것은 창세기 48:1-22; 49:22-26에서 가져온 것이다. "유다는 형제보다 뛰어나고 주권자가 유다에게서 났으나"는 어디에서 온 것인가? 놀랍게도, 이 부분의 히브리어 표현은 히브리어 성경에서 이곳 외에 오직 한 구절에서만 발견 된다: 창세기 27:29("네가 형제들의 주가 되고"). 역대기 저자는 창세기 27:29를 인용함으로, 이삭의 야곱에 대한 축복과 야곱의 유다에 관한 예언을 명확하게 만들었다: 민족들이 야곱을 섬기고, 열방이 야곱에게 절하며, 야곱은 그의 형제들의 주가 되고, 복이 야곱의 가장 위대한 자손을 통하여 이스라엘과 열방에 임할 것이다(창 27:29를 보라).

다시 돌아가서, 아버지의 아들들이 유다에게 절한다는 것은(창 49:8) 놀랍게도 요셉의 이야기와 비슷하다. 사실 요셉 이야기 전체의 요점은 이전에 그의 열한 형제들이 그것에 반발했음에도 불구하고 유감스럽게도, 그들이 하나님이 택하신 통치자로서의 요셉에게 절하게 되는 이야기다(창 37:7-10; 42:6; 43:26, 28; 48:12). 하나님께서 세상을 구원하시기 위한 뜻이 결국 유다를 통하여 이루어질 것이라면, 요셉의 이야기의 목적은 무엇인가? '마아세 아봇, 시만 레바님', 즉 조상들의 행위는 자손들의 표징이다. 요셉의 이야기는 장차 일어날 일들을 보여주기 위한 예언/이야기로 기록된 것이다. 요셉이 거절 당하고, 고난을 받고, 최후에 성공함으로 권세를 얻는 이야기는 창세기 49:8-12에 나오는 야곱의 시적 신탁을 드라마처럼 보여주는 것이다.

창세기 49:8-12에는 야곱의 예언을 더 큰 이야기와 연결시키는 중요한 세부사항이 있다. 예를 들면, 이 마지막 날들의 왕은 그의 원수들의 목 뒤쪽(8절), 즉 머리를 잡을 것이다! 그뿐만 아니라, 열방이 그에게 복종할 것이다(10절, 창 27:29를 보라). 대적을 이기고 열방을 다스리는 것은 아브라함과 이삭과 야곱에 대한 약속(창 22:17; 24:60; 민 24:18을 보라)에서 일관되고 반복되는 주제이며, 오직 아담의 원래의 창조 명령과 창세기 3:15의 예언을 통해서만 온전히 이해할 수 있다. **유다 지파에서 나올 여자의 씨, 마지막 날들의 왕은 뱀과 그 씨의 목을 잡을 그분일 것이다! 그는 아담의 창조 명령을 다시 세울 그분일 것이다.**

8

세 번째 시: 발람의 신탁 (민 24:1-24)

야곱의 시적 연설이 마지막 날들에 메시아-왕이 오실 것을 예언한 것처럼, 발람의 신탁도 같은 왕과 마지막 날들에 대하여 말하고 있다. 앞으로 살펴보겠지만, 두 시 사이에는 중요한 공통점들이 있다. 민수기 24장을 보기 전에, 발람의 이야기를 단지 서로 무관한 예언들의 임의적인 단편들로 보지 말고, 토라의 메시아 이야기라는 더 큰 맥락 안에서 생각해 보자.

발람은 좋은 사람인가 나쁜 사람인가?

우리는 민수기 22-24장에 나오는 발람을 어떻게 봐야 하는가? 그는 어느 편인가? 그는 한편으로 하나님의 말씀을 배신하지 않는 성령 충만한 선지자처럼 보인다(민 22:18; 24:2). 그러나 다른 한편으로 그는 이방의 점술가로 묘사되며(민 24:1; 수 13:22), 나귀보다도 영적 분별력이 없는 것으로 나온다(민 22:34).[65] 게다가 그는 마지막에 이스라엘의 브올에서의 음행에 연루된 것으로 인하여 칼로 죽임을 당한다(민 31:8, 16). 우리가 발람이 메시아에 관하여 한 말을 보기 전에, 먼저 우리가 그의 말을 조금이라도 들어야 하는가에 대하여 생각해야 한다. 어찌 됐든, 우리가 어떻게 양쪽편에 좋은 말을 하는 이방 점술가의 말을 믿을 수 있겠는가?

발람과 그의 나귀의 이야기(민 22:22-35), 그리고 발락과 발람의 이야기(민 22:36-24:25) 사이에 매우 분명한 유사점들은, 우리가 메신저(메시지를 전하는 사람 - 역자 주)에 관계없이 메시지를 믿을 수 있을 뿐만 아니라, 믿어야 한다는 것을 보여준다. 발람과 나귀의 이야기에서, 영적으로 눈 먼 발람은 영적으로 분별력이 있는 그의 나귀에게 자기도 모르게 세 번이나 억지로 여호와의 사자를 피하여 돌아가게 하려고 한다(민 22:28, 32, 33). 마찬가지로, 발락과 발람의 이야기에

---

65) 그의 어리석음은 그의 이름에도 나타난다. 브올(베오르 - 역자 주)의 아들 발람, 그의 아버지의 이름은 히브리어로 "바보"에 해당하는 단어(바아르 - 역자 주)의 언어유희다(잠 30:2를 보라).

서, 영적으로 눈 먼 발락은 영적으로 분별력이 있는 발람에게 세 번이나 억지로 이스라엘을 저주하게 하려고 한다(민 23:7; 23:27; 24:10). 두 이야기에서 발람의 (억지로 나귀를 가게 하려는/이스라엘을 저주하려는) 세 번째 시도는 하나님이 "눈을 여심"으로 그가 전에 보지 못했던 것을 보게 하시는 일로 끝난다(민 22:31; 24:4, 15, 17).

그 때에 여호와께서 발람의 눈을 밝히시매 여호와의 사자가 손에 칼을 빼들고 길에 선 것을 그가 보고 머리를 숙이고 엎드리니 민수기 22:31	하나님의 말씀을 듣는 자, 전능자의 환상을 보는 자, 엎드려서 눈을 뜬 자가 말하기를 민수기 24:4

이 유사점들은 독자들에게 발람의 신탁들을 그의 인격에 비추어 평가할 수 있게 하는 기준틀을 제공한다. 22장에서 눈이 멀고 위험에 처한 발람이 부지 중에 여호와의 사자와 싸우는 것은, 23-24장에서 눈이 멀고 위험에 처한 발락이 부지 중에 하나님과 싸울 것을 미리 보여주고 있다. 마찬가지로, 22장에서 분별력 있는 나귀가 여호와의 사자를 돌아서 가기

를 거부하는 것은, 23-24장에서 분별력 있는 발람이 이스라엘을 저주하기를 거부할 것을 미리 보여준다. 이 유사점들은 우리가 메신저와 상관없이 메시지를 받아들일 수 있다는 것을 보여준다. 어떻게 이런 미심쩍은 사람이 그러한 영적으로 중요한 신탁을 말할 수 있는가? 마찬가지로 한 야생 짐승이 초자연적으로 여호와의 사자를 보고 진실을 말할 수 있게 되었다. 하나님께서 나귀를 통하여 말씀하실 수 있다면, 그분은 또한 이방 선지자를 통하여 같은 일을 하실 수 있다. 그리고 만약 우리가 22장의 발람과 23-24장의 발락처럼 나귀의 말과 선지자의 말에 주의를 기울이지 않으면, 우리도 위험에 처하게 될 수 있다.

축복인가 저주인가?

발람의 시적 연설을 온전히 이해하기 위하여, 그것을 더 큰 이야기, 즉 여자의 씨를 통하여, 아브라함과 그의 자손을 통하여 하나님의 창조 목적을 회복하는 이야기의 맥락 속에서 읽어보자. 민수기 22-24장에서 토라의 다른 핵심 본문들을 암시하거나 인용하는 것을 보면, 이 부분은 아브라함 언약에 약속된 복과 저주가 이루어지는 것에 집중하고 있으며, 그것의 완성은 마지막 날들에 메시아-왕의 통치이다(민 24:14, 17-19). 발락이 발람에게 "그대가 복을 비는 자는 복을 받고 저주하는 자는 저주를 받을 줄을 내가 앎이니라"(민 22:6; 22:12 및 24:9를 보라)고 말한 것은 아브라함과 그의 씨를 축복하는 자에게 복을 내리고, 아브라함과 그의 씨를 저주하는 자를 저주하신다는 하나님의 약속을 그대로 가져온 것이다(창 12:3; 27:29를 보라).[66] 주목할 만한 점은, 이 부분에서 많이 사용된 "축복하다"[67]와 "저주하다"[68]라는 동사로, 그중에서 가장 빛나는 장면은 이스라엘을 축복하는 것을 여호와께서 기뻐하신다는 변치 않는 진리를 발람이 알게 되는 부분이다(민 24:1). 게다가 창세기 27:29(아래를 참고하라)의 아브라함의 언약에 함축되어 나타나고, 이후에 창세기 49:8-12의 야곱의 예언에서 더욱 강화된 왕에 대한 내용이, 민수기 24장의 이스라엘 왕과 명백하게 연결되어 있다.

---

[66] 아브라함 언약의 복과 저주는 셀 수 없이 많은 자손에 대한 약속과 확실하게 연관되어 있다. 이 사실이 발람을 두렵게 했고 그로 하여금 그것을 강화하게 했다(민 22:3-6; 출 1:12와 비교해 보라). 많은 자손이라는 주제는 토라 신학의 중심을 이룬다(출 1:7, 9, 10, 12와 창 1:28; 9:7; 17:2; 18:18; 22:17; 26:4, 24; 28:3; 35:11; 47:27; 48:4를 비교해 보라).

[67] 민 22:6, 12; 23:11, 20, 25; 24:1, 9, 10.

[68] 민 22:6, 11, 12, 17; 23:7, 8, 11, 13, 25, 27; 24:9, 10.

만민이 너를 섬기고 열국이 네게 굴복하리니 네가 형제들의 주가 되고 네 어머니의 아들들이 네게 굴복하며 너를 저주하는 자는 저주를 받고 너를 축복하는 자는 복을 받기를 원하노라 창세기 27:29	유다야 너는 네 형제의 찬송이 될지라 네 손이 네 원수의 목을 잡을 것이요 네 아버지의 아들들이 네 앞에 절하리로다 창세기 49:8	꿇어앉고 누움이 수사자와 같고 암사자와도 같으니 일으킬 자 누구이랴 너를 축복하는 자마다 복을 받을 것이요 너를 저주하는 자마다 저주를 받을지로다 민수기 24:9

발람의 이야기는 구체적으로 어떻게 아브라함 언약의 복과 저주를 메시아와 연결시키고 있는가?

내가 그를 보아도 이 때의 일이 아니며!

수의 패턴은 성경에 자주 등장한다. 발람의 이야기에서는 3이 사용된다. 이전에 우리는 발람과 그의 나귀, 그리고 발락과 발람의 유사점들을 살펴보았다. 두 이야기에서, 하나님의 뜻에 맞서 싸우려는 세 번째 시도로 발람의 눈이 열려 초자연적으로 중요한 존재들을 보게 되었다. 이 이야기에서 본문의 몇 가지 힌트들을 보면 저자가 독자들의 관심을 민수기 24장에 나오는 (이스라엘을 저주하려고) "세 번째 시도한" 신탁으로 이끄는데 집중하고 있다는 것을 알 수 있다.

첫째, 발람은 그의 이전 신탁들에서 사용했던 점술을 사용하지 않았다(민 24:1).

둘째, 이 이야기의 서술자는 발람에게 하나님의 영이 임했다고 하는데, 이 현상은 토라에서 그 외에 두 사람에게만 일어났다(민 24:2과 창 41:38[요셉]과 출 31:3; 35:31[브살렐]을 비교해 보라).

셋째, 발람은 다른 신탁에서 이스라엘 백성의 일부만을 보았는데, 여기서 그것과 다르게 그는 지파별로 진을 친 이스라엘 전체를 보았다(민 24:2; 22:41; 23:13을 보라).

넷째, 발람은 "눈을 뜬" 상태로 이 신탁을 말했다(민 24:3-4, 15).

다섯째, "세 번째로 시도한" 신탁이 예언적 발언(히브리어 '네움')이라고 여섯 번 언급하고 있다: 3(두 번), 4, 15(두 번),

16절. 토라의 다른 곳에서 이 표현이 사용된 것은 오직 두 번 뿐이다(창 22:16; 민 14:28).

토라의 저자가 발람의 세 번째 신탁에 관심을 집중시키는 이유는 무엇인가? 그것은 발람의 눈이 기적적으로 열렸을 때 그가 받은 환상의 내용을 강조하려는 것이다. 22장에서 발람은 기적적으로 여호와의 사자를 볼 수 있게 되었다. 24장에서는 발람의 눈이 열려 "후일"에 일어날 일들, 즉 메시아의 오심에 대하여 보게 된다. 그를 통하여 아담의 피조물에 대한 다스림이 다시 한 번 세워질 것이고, 그는 대적의 머리를 밟아서 그것을 물리칠 것이며(창 3:15를 보라), 그는 그의 대적의 소유를 차지할 것이다(창 22:17; 24:60을 보라).

> [14]이제 나는 내 백성에게로 돌아가거니와, 들으소서. 내가 이 백성이 후일(마지막 날들)에 당신의 백성에게 어떻게 할지를 당신에게 말하리이다…
> [15]내가 그를 보아도 이 때의 일이 아니며, 내가 그를 바라보아도 가까운 일이 아니로다. 한 별이 야곱에게서 나오며, 한 규가 이스라엘에게서 일어나서, 모압을 이쪽에서 저쪽까지 쳐서 무찌르고, 또 셋의 자식들을 다 멸하리로다.

¹⁶그의 원수 에돔은 그들의 유산이 되며, 그의 원수 세일도 그들의 유산이 되고, 그와 동시에 이스라엘은 용감히 행동하리로다.

¹⁷주권자가 야곱에게서 나서 남은 자들을 그 성읍에서 멸절하리로다!

민수기 24:14, 17-19

"그들"에서 "그"로

유명한 유대인 성경 주석가 라쉬(Rashi)는 발람의 예언에 있는 메시아 사상을 민수기 24:19로 제한했지만, 다음의 증거들은 발람이 "세 번째로 시도한" 신탁(민 24:7-9, 17-24) 전체가 메시아에 대한 것임을 보여준다. 첫째, 발람이 "세 번째로 시도한" 신탁(민 24:7-9를 포함)이 창세기 49장에 나오는 유다의 축복과 놀라울 정도로 비슷하다는 것에 주목하라. 두 본문 모두 마지막 날들에 올 왕(사자, 규)에 대하여 말하고 있다.

⁹유다는 사자 새끼로다. 내 아들아 너는 움킨 것을 찢고 올라갔도다. **그가 엎드리고 웅크림이 수사자 같고 암사자 같으니 누가 그를 범할 수 있으랴?**
¹⁰**규가** 유다를 떠나지 아니하며 통치자의 지팡이가 그 발 사이에서 떠나지 아니하기를 실로가 오시기까지 이르리니 그에게 모든 백성이 복종하리로다.

창세기 49:9-10,
필자의 강조

⁹**꿇어앉고 누움이 수사자와 같고 암사자와도 같으니 일으킬 자 누구이랴?** 너를 축복하는 자마다 복을 받을 것이요 너를 저주하는 자마다 저주를 받을지로다…
¹⁷내가 그를 보아도 이 때의 일이 아니며 내가 그를 바라보아도 가까운 일이 아니로다. 한 별이 야곱에게서 나오며 한 **규가** 이스라엘에게서 일어나서…

민수기 24:9, 17상,
필자의 강조

이 유사점들이 강력히 제시하는 바는 이 구절들이 동일한 인물인 메시아를 말하고 있다는 것이다.

둘째로, 어떤 사람들은 민수기 24:8-9의 표현들이, 분명하게 이스라엘 전체를 가리키는 민수기 23:22, 24와 너무나 유사하기 때문에 이 부분을 메시아에 대한 것으로 해석하는 데 반대할 수도 있지만, 이 두 본문 사이의 문법적, 구문적, 문맥적 차이를 보면 민수기 24:8-9가 단순히 민수기 23:22, 24를 반복해서 말하는 것이 아니라는 것을 알 수 있다. 둘의 차이를 보라.

하나님이 **그들**을 애굽에서 인도하여 내셨으니 그의 힘이 들소와 같도다	하나님이 **그**를 애굽에서 인도하여 내셨으니 그 힘이 들소와 같도다
민수기 23:22, 필자의 강조	민수기 24:8상, 필자의 강조

민수기 23:22의 "그들"과 24:8의 "그"가 다르다는 것을 볼 수 있다. 이것은 단지 문체의 차이인가 아니면 전략적인 목적을 위한 것인가? 이 질문에 답하려면 이 구절들 바로 앞뒤의 문맥을 봐야 한다.

²¹**야곱**의 허물을 보지 아니하시며 **이스라엘**의 반역을 보지 아니하시는도다 여호와 그들의 하나님이 **그들**과 함께 계시니 **왕**을 부르는 소리가 그 중에 있도다

²²**하나님이 그들을 애굽에서 인도하여 내셨으니** 그의 힘이 들소와 같도다

²³야곱을 해할 점술이 없고 이스라엘을 해할 복술이 없도다 이 때에 야곱과 이스라엘에 대하여 논할진대 하나님께서 행하신 일이 어찌 그리 크냐 하리로다

²⁴**이 백성이 암사자 같이 일어나고 수사자 같이 일어나서** 움킨 것을 먹으며 죽인 피를 마시기 전에는 **눕지 아니하리로다** 하매

⁵**야곱**이여 네 장막들이, **이스라엘**이여 네 거처들이 어찌 그리 아름다운고

⁶그 벌어짐이 골짜기 같고 강 가의 동산 같으며 여호와께서 심으신 침향목들 같고 물 가의 백향목들 같도다

⁷그 물통에서는 물이 넘치겠고 그 씨는 많은 물 가에 있으리로다 그의 **왕**이 아각보다 높으니 그의 나라가 흥왕하리로다

⁸**하나님이 그를 애굽에서 인도하여 내셨으니** 그 힘이 들소와 같도다 그의 적국을 삼키고 그들의 뼈를 꺾으며 화살로 쏘아 꿰뚫으리로다

⁹**꿇어앉고 누움이 수사자와 같고 암사자와도 같으니 일으킬 자 누구이랴** 너를 축복하

| 민수기 23:21-24, 필자의 강조 | 는 자마다 복을 받을 것이요 너를 저주하는 자마다 저주를 받을지로다 민수기 24:5-9, 필자의 강조 |

민수기 23:21-22를 자세히 읽어 보면 21절에서 이스라엘 백성 가운데 있는 한 왕에 대하여 말하고 있는 것을 알 수 있는데, 이는 문맥상 여호와 하나님일 가능성이 크다.[69] "야곱"과 "이스라엘"은 "왕"과 마찬가지로 모두 단수 명사지만, "야곱"과 "이스라엘"은 전체 백성(그들)을 가리키는 집합 명사인 반면, "왕"(그)은 그렇지 않다. 토라의 저자는 그 다음 구절에서 발람이 말하는 것이 왕이 아니라 이스라엘-야곱이라는 것을 명확히 하기 위하여, 단수인 "이스라엘/야곱"과 수가 일치하지 않는 복수 대명사("그들")를 사용해야 했다. "하나님이 **그들**(이스라엘)을 애굽에서 인도하여 내셨으니." 이것은 확실히 이스라엘의 출애굽을 말하는 것이다.

---

69) Philip J. Budd, *Numbers*, Word Biblical Commentary (Waco, TX: Word, 1984), 268; R. Dennis Cole, Numbers, New American Commentary (Nashville: Broadman & Holman, 2000), 413을 보라.

이제 민수기 24:7-8로 넘어가면, 24:7도 23:21처럼 이스라엘의 왕에 대하여 말하고 있는 것을 볼 수 있다. "그(이스라엘)의 왕이 아각보다 높으니 그(왕)의 나라가 흥왕하리로다." 여기서 왕은 여호와가 아니라, 장차 이스라엘 백성 가운데서 일어날 한 왕을 말하는 것이다.[70] 24:8에 이어지는 발람의 신탁을 보면, 대명사가 바뀐 것이 중요하다는 것을 알 수 있다. "하나님이 그를 애굽에서 인도하여 내셨으니." 대명사가 바뀐 이유는 무엇인가? 민수기 23:22에서 저자는 "그들"이라는 복수 대명사를 사용하여, 자신이 역사적으로 있었던 이스라엘의 출애굽에 대하여 말하고 있다는 것을 분명히 했다. 그러나 민수기 24:8에서 저자는 단수 대명사를 사용하여, 자신이 더 이상 이스라엘과 그것의 과거에 대하여 말하는 것이 아니라는 것을 확실히 하고자 했다. 그는 장차 올 이스라엘의 왕, 이스라엘의 대적들을 이길 왕, 그의 나라가 흥왕하게 될 왕(민 24:7)에 대하여 말하고 있다. 민수기 23:22에서, 하나

---

[70] "한 별이 야곱에게서 나오며 한 규가 이스라엘에게서 일어나서"(민 24:17)는 더욱 수수께끼 같은 민 24:7의 "그 물통에서는 물이 넘치겠고 그 씨는 많은 물 가에 있으리로다"의 뜻을 더욱 명확하게 하고 그것을 설명하려는 것이 거의 확실하다. "그(이스라엘의) 물통에서는 물이 넘치겠고"는 무슨 뜻인가? 민 24:17이 그것을 설명한다. 한 왕이 이스라엘 백성 가운데서 나올 것이다(칠십인역의 민 24:7, 17과 비교해 보라).

님은 이스라엘("그들")을 이집트에서 **인도해 내셨다**. 그러나 민수기 24:8에서, 하나님은 이스라엘의 왕("그")을 이집트에서 **인도해 내실 것이다**!

민수기 24:8을 이렇게 해석하는 것이 더 타당한 이유는 무엇인가? 세 가지 이유가 있다. 첫째, 이 구절의 문법과 구문이 그것을 뒷받침한다. 둘째, "세 번째" 신탁(민 24장)의 요점은 발람이 이전의 신탁에서 보지 못한 영적 현실을 가리키는 것이다. 그는 이제 영적으로 열린 눈으로 그 실재를 본다(민 24:3-4, 16-17을 보라). 민수기 24:8에서 이스라엘의 출애굽에 대한 내용이 다시 나오는 것은 본문의 전체적인 흐름에 맞지 않는다. 비록 발람이 그가 민수기 24:8에서 본 것을 설명하면서 민수기 23:22과 매우 유사한 단어들을 사용했지만, 바뀐 표현들이 이전에 보지 못한 영적 현실을 가리키고 있다. 이전에 그는 이스라엘의 출애굽을 오직 과거에 일어난 사건으로만 볼 수 있었으나, 이후에 그는 이스라엘의 출애굽에서 장차 올 왕에 대한 것을 발견하게 되었다(조상들의 행위는 자손들의 표징이다). **하나님께서 이집트에서 이스라엘을 인도해 내신 것처럼, 하나님은 이집트에서 이스라엘의 메시아를 인도해 내실 것이다.**

처음에 이스라엘 전체를 말한 것이 나중에 한 왕 개인

을 말하는 것으로 바뀐 세 번째 이유는 다음과 같다. 민수기 24:8에 나오는 "그"가 이스라엘이 아니라 장차 올 메시아라는 것은, 민수기 24:9("꿇어 앉고 누움이 수사자와 같고 암사자와도 같으니 일으킬 자 누구이랴 너를 축복하는 자마다 복을 받을 것이요 너를 저주하는 자마다 저주를 받을지로다")에서 확인할 수 있는데, 이 구절은 또 다른 메시아에 대한 예언을 거의 그대로 인용하고 있다: "유다는 사자 새끼로다 내 아들아 너는 움킨 것을 찢고 올라갔도다 그가 엎드리고 웅크림이 수사자 같고 암사자 같으니 누가 그를 범할 수 있으랴"(창 49:9). **바로 이 왕을 통하여 족장들에 대한 복의 약속들과 아담에게 주어진 창조 명령이 온전히 성취될 것이다: "너를 축복하는 자마다 복을 받을 것이요 너를 저주하는 자마다 저주를 받을지로다"**(민 24:9하; 창 27:29하 및 시 72:17을 보라).

지금까지 세 개의 시를 통하여, 토라의 목적이 유다 지파에서 나고, 마지막 때에 올, 여자의 씨인 한 왕을 가리키고 있다는 것을 살펴보았다. 그러나 우리에게는 여전히 율법에 대한 궁금증이 남아 있다. 만약 토라의 목표가 율법이 아니라면, 우리는 시내산 언약과 그 계명들의 복잡한 체계를 어떻게 이해해야 하는가? 토라 안에 율법에 관한 구절들이 그렇게 많이 존재하는 이유는 무엇인가? 율법의 목적은 무엇인가?

그것의 가치는 어디에 있는가? 우리는 어떻게 그것을 영감에 의한, 권위 있는 성경으로 이해할 수 있는가?

9

율법의 기능

바울은 갈라디아서 3장에서, 율법이 주어지기 오래 전부터 하나님의 계획은 이스라엘과 열방이 장차 올 메시아를 믿음으로 복을 받는 것이었다고 주장했다. 그는 계속해서 설명하기를, 율법의 행위에 의존하는 자들은 저주 아래에 있다고 했다(갈 3:10-13). 이것은 우리를 다음과 같은 딜레마에 빠지게 한다. 만약 (그 결과가 저주인) 율법이 복의 약속보다 430년 후에 온 것이라면(갈 3:17-18), 하나님은 도대체 무엇 때문에 율법을 주신 것인가? 바울은 이 질문을 예상하고 이렇게 물었다. "그런즉 율법은 무엇이냐?"(갈 3:19). 바울의 대답이 이 주제를 철저하게 다루는 논문 정도는 아니지만, 그는 매우 중요한 이 질문에 대한 몇 가지 답 가운데 하나를 주었다. 우리도 오늘날 메시아 예슈아를 믿는 유대인과 이방인으로서 자신에게 이 질문을 한다. "율법은 무엇이며, 우리는 그것과 무슨 관계인가?" 우리는 이 질문에 대하여 다음과 같은 이해를 가지고 바라볼 것이다. 그것은 토라 전체, 율법을 포함하여 **그 전부**가 믿는 자들을 위한 권위 있는 성경으로 계속 존재한다는 것이다.

성경은 우리에게 율법의 몇 가지 기능을 제공한다. 그것은 개인교사와 그림자와 신학과 사랑과 지혜와 검사다. 이 각각의 기능들을 살펴보자.

개인교사로서의 율법

이미 보았듯이, 바울은 율법을 하나님께서 아브라함에게 하신 약속보다 수백 년 후에 온 것으로 생각했다. 바울은 그의 논의의 맥락 속에서 율법을 정의했다. 이 정의는 그의 주장에 있어서 필수적이었다. 바울은 갈라디아서 3:8에서 성경에 대하여 말하고, 이어서 창세기 12:3을 인용했다. 그리고 그는 갈라디아서 3:17에서 아브라함에게 약속들이 주어진 뒤 430년 후에 율법이 더해졌다고 했다. 바울이 갈라디아서 3:8에서 말한 약속들도 토라의 일부(창 12:3)이기 때문에,

430년 후에 더해진 "율법"은 시내산 언약의 율법을 말하는 것이 분명하고, 토라 전체를 말하는 것이 아니다.

우리가 여기서 말하는 율법이 토라 전체가 될 수 없다는 것을 이해하지 못하면, 우리는 온갖 종류의 커다란 신학적 문제에 직면하게 되는데, 그중 하나는 우리가 더 이상 율법(즉, 시내산 언약) 아래에 있지 않기 때문에 우리는 더 이상 성경으로서의 토라의 다스림 아래에 있지 않다고 생각하게 되는 것이다. 바울은 토라(창 12:3)를 성경으로 말했을 뿐만 아니라,[71] 그는 또한 자신의 신학적 주장을 증명하기 위하여 토라를 사용했다. 그 주장은, 메시아를 통하여 믿음으로 의롭게 되는 것이 토라 신학의 핵심이지만, 율법(시내산 언약의 계명)이 일시적인 목적을 위하여 그 약속에 더해졌다는 것이다. 바울에게 있어서 율법(시내산 언약과 그 계명들을 포함하는)은 토라로 불리는 더 큰 이야기의 일부이며, 토라 전체의 목적은 우리를 메시아에 대한 믿음으로 인도하는 것이다. 성경과 마찬가지로, 율법을 포함한 토라의 모든 부분은 계속해서 그 목적을 위하여 기능한다(갈 3:22를 보라). 그러므로 우리가 율법

---

[71] "또 하나님이 이방을 믿음으로부터 의로 정하실 것을 성경이 '미리 알고'(프로이두사) 아브라함에게 '먼저 복음을 전하되'(프로유앵겔리사토) 모든 이방인이 네 안에서 복을 받으리라 하였느니라"(갈 3:8 - 역자 원문 사역).

에 대하여 말할 때, 그것은 구체적으로 시내산 언약과 그것의 법적 조항들, 즉 규칙과 규정들을 말하는 것이며, 이것은 새 언약이 세워질 때까지 효력이 있는 것이다(히 3:13을 보라).

바울에 의하면, 율법은 "범법하므로 더하여진 것으로, 약속하신 자손이 오시기까지 있을 것"이다(갈 3:19). 율법은 메시아가 오실 때까지 우리의 "후견인" 또는 "개인교사"(파이다고고스 = 파이도스[아이] + 아고고스[인도자]; 원래 아테네에서 아이와 함께 집과 학교 사이를 왕래하는 노예를 가리키는 바, 후견인이나 개인교사의 의미로 발전되었다 - 역자 주)로서 마련된 것이다(갈 3:24). 그것은 우리가 더 이상 율법의 권위 아래에 있지 않다는 것을 의미한다. 바울은 이 개념을 어디에서 가져온 것인가? 당연히 토라에서 가져온 것이다! 율법이 613개의 계명으로 한꺼번에 주어진 것이 아니라는 사실은 흥미롭다. 이스라엘이 범죄 했을 때 새 율법이 더해졌기 때문에, 오히려 우리는 시내산 언약 아래에서 이스라엘이 가진 하나님과의 관계가 역동적이라는 것을 토라 이야기에서 볼 수 있다.

예를 들어, 민수기 15:37-41에 나오는 옷에 술을 달라는 계명을 보라. 하나님은 이스라엘 백성이 시내산에 있었을 때에는 이 계명을 주시지 않았다. 왜 안 주셨는가? 그것은 이스라엘에게 그 계명이 아직 필요하지 않았기 때문이다. 이 계명은 민수기 13-14장에서 일어난 사건들로 인하여 주어졌다. 여기서 이스라엘은 땅을 '정탐하라'(히브리어 '투르', 정탐 이야기의 핵심 단어)는 명령을 받았지만(민 13:2) 두려움에 사로잡혔고, 열 명의 정탐꾼들은 (하나님을 멸시하고, 그들 중에 행하신 많은 이적에도 불구하고 - 역자 주) 백성의 믿음을 잃게 했다(민 14:11). 심판이 빠르게 내려졌고, 그 세대는 그들의 "반역한 죄"(히브리어 '제누트', "음행" - 역자 주)로 인하여 광야에서 죽게 되었다(민 14:33). 하나님은 그들의 "반역한 죄"에 대하여 매우 거친 표현을 사용하셨는데, 그것의 실제적인 뜻은 "창녀 행위", 즉 성적 불륜을 의미한다(이 단어의 히브리어 어근은 '자나'이다).

광야에서 이스라엘 백성에게 죽음이 선언된 후, 민수기 15장에서 놀라운 반전이 일어난다. "여호와께서 모세에게 말씀하여 이르시되 이스라엘 자손에게 말하여 그들에게 이르라 너희는 내가 주어 살게 할 땅에 들어가서"(민 15:1-2). 하나님께서 1세대에게 광야에서 죽을 것이라는 선고를 내리신 직후에, 하나님은 그들이 그 땅에 들어갔을 때를 위한 명령을 말씀하기 시작하신다(하나님은 선하시다!).

이 새로운 율법들 가운데 마지막 율법이 옷에 술을 달라는 명령이다. 왜 술을 달라고 하셨나? 하나님은 이전에 이스라엘이 땅을 차지하는데 실패한 이야기에 나오는 특이한 표현을 사용하여 그 계명을 설명하셨다. "이 술은 너희가 보고 여호와의 모든 계명을 기억하여 준행하고 너희를 '방종하게'(히브리어 '투르') 하는 자신의 마음과 눈의 욕심을 따라 음행하지('자나') 않게 하기 위함이라"(민 15:39). 이런 특정한 표현들을 사용한 것을 보면, 옷술을 달라는 계명이 이전의 이야기에 나오는 이스라엘의 죄에 대한 응답이라는 것이 확실하다. 그럼 왜 옷술인가? 그들이 바로 전 가데스 바네아에서 한 일을 행하지 않게 하려 함이다. 더 명확하게 말하면 이런 뜻이다. 이전의 이야기에서 이스라엘이 죄를 짓지 않았다면, 그들에게 다시는 죄를 짓지 말라는 것을 생각나게 하는, 겉으로 보이는 물건이 필요하지 않았을 것이다![72)

옷술을 달라는 계명은 반항하는 십대들에게 통금 시간을 정하는 것과 매우 유사한 기능을 갖는다. 만약 그 십대 아이가 더 성숙했다면, 통금 시간은 필요 없었을 것이다. 자식을

---

72) 이스라엘의 죄로 인하여 특정한 계명들이 더해진 또 다른 실례가 있다. 하나의 분명한 예는 금송아지 사건에 대한 응답으로 레위인들이 임명된 일일 것이다(출 32:26-29). 그때까지 레위인의 역할을 했던 사람들은 누구였는가? 이스라엘의 제사장 나라로서의 부르심에 대한 이행으로 모든 지파의 장자들이 그 역할을 했을 것이다(민 3:12를 보라). 그 죄로 그 전에 없었던 특별한 제약이 생기게 되었다.

사랑하는 아버지는 당연히 자신의 아이를 통제하는 방법을 찾으려고 할 것이다. 그러나 그 아이가 자라서 성인이 되면, 통금 시간(개인교사)은 더 이상 필요하지 않다. 이것이 바로 바울이 갈라디아서 3:19-29에서 말하는 요점이다. 디모데전서에서 그가 말한 요점도 이것이다.

> ^{8}그러나 율법은 사람이 그것을 적법하게만 쓰면 선한 것임을 우리는 아노라
> ^{9}알 것은 이것이니 율법은 옳은 사람을 위하여 세운 것이 아니요 오직 불법한 자와 복종하지 아니하는 자와 경건하지 아니한 자와 죄인과 거룩하지 아니한 자와 망령된 자와 아버지를 죽이는 자와 어머니를 죽이는 자와 살인하는 자며
> ^{10}음행하는 자와 남색하는 자와 인신매매를 하는 자와 거짓말하는 자와 거짓맹세 하는 자와 기타 바른 교훈을 거스르는 자를 위함이니
> 디모데전서 1:8-10 (마태복음 19:8을 참조하라)

율법은 후견인이나 개인교사처럼, 이스라엘의 죄로 인하여 더하여진 것이고("율법이 들어온 것은 범죄를 더하게 함이라"[롬 5:20] 참조 - 역자 주), 메시아가 오시기까지 그들을 죄와 불신

의 결과와 위험으로부터 지키기 위하여 존재했다. 이제 메시아가 오셔서 새 언약을 세우셨기 때문에, 우리(예슈아를 믿는 모든 사람)는 더 이상 그 개인교사의 다스림 아래에 있지 않다.

그림자로서의 율법

성경으로서의 율법의 또 다른 기능은 메시아와 새 언약에 관계된 것들을 가리키는 것이다. 이 진리는 히브리서에서 가장 명확하게 설명하고 있다.

> [1]지금 우리가 하는 말의 요점은 이러한 대제사장이 우리에게 있다는 것이라 그는 하늘에서 지극히 크신 이의 보좌 우편에 앉으셨으니
> [2]성소와 참 장막에서 섬기는 이시라 이 장막은 주께서 세우신 것이요 사람이 세운 것이 아니니라
> [3]대제사장마다 예물과 제사 드림을 위하여 세운 자니 그러므로 그도 무엇인가 드릴 것이 있어야 할지니라
> [4]예수께서 만일 땅에 계셨더라면 제사장이 되지 아니하셨을 것이니 이는 율법을 따라 예물을 드리는 제사장이 있음이라

⁵그들이 섬기는 것은 하늘에 있는 것의 모형과 그림자라 모세가 장막을 지으려 할 때에 지시하심을 얻음과 같으니 이르시되 삼가 모든 것을 산에서 네게 보이던 본을 따라 지으라 하셨느니라

히브리서 8:1-5 (출 25:40을 참조하라)

히브리서 기자는 어떻게 이런 결론에 이르게 되었는가? 토라를 읽음으로 된 것이다! 토라는 다섯 번에 걸쳐서 성막이 모형이라고 말한다(출 25:9; 25:40; 26:30; 27:8; 민 8:4). 토라에서 명시적으로 땅의 성막이 하늘의 실제 성막의 모형이라고 말하지는 않았지만, 이 사실은 토라와 히브리어 성경의 다른 곳에서 분명하게 나타난다. 예를 들면, 성막이 완성되었을 때 하나님의 영광이 지성소 안으로 이동하는 것을 읽을 수 있다(출 40:34-38; 레 1:1; 왕상 8:27을 보라). 그러나 이 사실은 약간의 신학적 딜레마를 낳는데, 신명기 4:39는 여호와 하나님이 땅만이 아니라 위로 하늘에도 거하신다고 가르치기 때문이다. 이와 비슷하게, 하나님의 영광이 솔로몬이 지은 성전에 충만할 때에(왕상 8:11), 왕이 하나님께 "계신 곳 하늘에서 들으시고"(왕상 8:39, 8:32, 34, 36, 45, 49; 대하 6:27을 보라)라고 기도드렸기 때문이다. 그러면 하나님이 정말로 거주

하시는 곳은 어디인가? 성전/성막인가? 그렇다! 하늘인가? 그렇다! 우리가 4장에서 알게 된 것처럼, 하나님은 땅의 장막에 거하시면서도 동시에 여전히 만물 위에 하나님으로 계실 수 있다(요 1:14를 보라). 솔로몬의 기도는 하나님의 참되고 영원한 처소가 땅이 아니라는 것을 강조하고 있다. 왜냐하면 성막/성전은 무너질 수 있기 때문이다. 그러므로 땅의 성막/성전은 오직 하늘의 본체의 모형일 수밖에 없다. 놀랍게도 솔로몬은 진정한 죄 사함이 땅의 성소가 아니라 하늘에서 이루어진다는 것을 인정했다(왕상 8:34, 36; 대하 6:27).

토라에는 성막이 진정한 본체의 모형일 뿐이라는 것을 나타내는 다른 실마리들이 있다. 이전에 우리는 에덴동산과 성막의 공통점들을 살펴보았다. 예를 들면, 에덴동산의 입구는 성막과 마찬가지로 동쪽에 있고, 그곳은 그룹들에 의하여 지켜지고 있다(창 3:24; 출 26:1, 31). 그러나 한 가지 큰 차이점이 있는데, 성막의 입구를 지키는 그룹들은 모형이지만, 에덴동산을 지키는 그룹들은 실물이라는 것이다(겔 10:20을 보라)!

성막이 하늘의 본체의 모형이기 때문에, 그것은 하나님께서 계획하신 것이고 하늘의 (메시아의) 본체를 증거하는 것으로 제대로 이해해야 한다. 사실, 히브리서 기자는 다음의 구절을 기록할 때에 이 점을 매우 분명히 했다.

⁸성령이 이로써 보이신 것은 첫 장막이 서 있을 동안에는 성소에 들어가는 길이 아직 나타나지 아니한 것이라

⁹이 장막은 현재73)까지의 비유니 이에 따라 드리는 예물과 제사는 섬기는 자를 그 양심상 온전하게 할 수 없나니

¹⁰이런 것은 먹고 마시는 것과 여러 가지 씻는 것과 함께 육체의 예법일 뿐이며 개혁할 때까지 맡겨 둔 것이니라

히브리서 9:8-10

레위기 11장의 음식에 관한 율법을 지키는 것은 사람들이 오늘날 말하는 "토라를 준수한다"는 것의 필수 요소다. 그러나 사람들이 보지 못하는 것, 그리고 히브리서 기자가 분별력을 가지고 본 것은, 음식에 관한 율법과 성막의 관계다. 레위기 11장은 '정결에 관한 율법'이라 불리는 레위기의 더 큰 부분(레 11-15장)의 일부로서, 그 모든 것은 성막의 정결(레 16장)과 연결되어 있다. 지금은 더 이상 제대로 된 역할을 하는 성막/성전이 없을 뿐만 아니라, 이제 예슈아의 제자들은 그들 자신이 성령님의 성전이다(고전 3:16). 그 성전의 정결함은 더

---

73) "현재"는 히브리서 저자의 시대를 말하는 것이 아니다. 왜냐하면 그는 성전이 아니라 성막에 대하여 쓰고 있기 때문이다. "현재"는 성막이 있던 시대를 가리킨다.

이상 레위기 11-15장에 나오는 정결에 관한 율법을 따르는 것에 달려 있지 않고, 메시아 예슈아의 최종적이고 온전한 희생제사에 달려 있다. 예슈아께서는 우리를 위하여 음식에 관한 법을 포함하여 모든 정결에 관한 율법을 이루셨다! 그렇기 때문에, 바울과 히브리서 기자는 예슈아를 믿는 유대인과 이방인 모두에게 모든 음식은 정결하다고 선포할 수 있었던 것이다(히 9:8-10; 13:9; 딤전 4:1-5).

성막과 그것의 제사 체계와 레위 제사장직과 의례적으로 씻는 일 등(즉, 시내산 언약)은 그 기능이 **지속되지 않도록** 특별하게 설계되었다. 그리고 우리는 오늘날 성막에 관한 설명과 그 의미를 묵상하는데, 그것은 모든 성도들을 위하여 성경에 기록된 것이다. 이처럼 성막의 상징성과 내재된 한계는 우리에게 더 나은 제사장과 더 나은 제사와, 이제 우리가 예슈아 안에서 직접 나아갈 수 있는 더 나은 성전을 가리키도록 고안된 것이다.

우리는 다른 곳에서 절기들조차도 메시아를 염두에 두고 특별히 계획되었다는 것을 읽을 수 있다. "그러므로 먹고 마시는 것과 절기나 초하루나 안식일을 이유로 누구든지 너희를 비판하지 못하게 하라 이것들은 장래 일의 그림자이나 몸은 그리스도의 것이니라"(골 2:16-17).

우리는 예슈아의 제자로서, 유대 민족이 이 그림자들의 본체를 보고 이해하기를 원한다. 그리고 비록 우리가 더 이상 시내산 언약 아래에 있지 않고, 그래서 절기에 관한 율법에 얽매이지 않지만,[74] 우리는 이것의 더욱 온전한 본질을 유대 민족에게 더 자세히 알릴 방법을 계속해서 찾고 있다. 예슈아를 믿는 유대인 성도들, 특히 이스라엘에 있는 이들에게 있어서, 절기들(안식일, 유월절, 초막절 등)을 기념하는 일은 우리 민족에게 율법이 어떻게 예슈아를 가리키고 있는지를 보여줄 수 있는 좋은 기회가 된다.

다음으로 넘어가기 전에, 율법에 관하여 쉽게 간과할 수 있는 문제를 언급하고자 한다. 율법에 나오는 그림자들은 계속해서 하나님의 말씀으로서의 성경의 기능을 하는데, 그것은 메시아를 가리키는 것만이 아니라, 우리가 그분을 이해하는 데 있어서 도움을 준다. 율법이 없으면 우리는 제사의 중요성과 중보자 혹은 구속자의 필요성과 예슈아께서 "유월절 어린양"(파스카[고전 5:7] – 역자 주)으로 드려진 것 등을 이해할 수 없다. 안타까운 것은, 예슈아를 믿는 많은 이들이 이제

---

[74] 레 23장은 절기들에 대한 제사 규정들을 담고 있다. 우리가 이 율법들을 지키고 싶어도 더 이상 성전이 없기 때문에 그것들을 지킬 수 없다.

실체가 왔으니 그 그림자들은 버려도 된다고 생각한다. 이런 생각은 그들로 하여금 율법을 하나님의 영감으로 예슈아를 가리키기 위하여 기록된 성경으로서 주의깊게 연구하지 못하게 만든다. 그 그림자들을 무시하면, 그 실체들을 이해하는 것은 고사하고 제대로 알 수도 없다. 우리는 "요셉을 알지 못하여"(출 1:8), 그 결과로 "예슈아를 이해하지 못하는" 성도들이 되지 말자!

신학으로서의 율법

우리는 이전에 우리가 더 이상 율법, 즉 옛 언약 아래에 있지 않다고 분명하게 말하는 구절들을 살펴보았다. 다시 말하지만, 이 율법을 토라 전체와 혼동해서는 안 되며, 우리는 이것을 갈라디아서 3장에 대한 논의에서 살펴보았다. 그런데 또 하나 분명한 것은, 율법을 포함한 토라 전체가 계속해서 신약 성경의 저자들에게 성경으로서의 역할을 하고 있다는 점이다. 예를 들면, 베드로는 "너희를 부르신 이가 거룩"(벧전 1:15)하기 때문에 너희도 거룩하라고 믿는 자들에게 권하고 있다. 베드로는 어떻게 하나님이 거룩하시다는 것을 알게 되었는가? 그것이 율법의 가르침이기 때문이다!

> ^{14}너희가 순종하는 자식처럼 전에 알지 못할 때에 따르던
> 너희 사욕을 본받지 말고
> ^{15}오직 너희를 부르신 거룩한 이처럼 너희도 모든 행실에
> 거룩한 자가 되라
> ^{16}기록되었으되 내가 거룩하니 너희도 거룩할지어다 하셨
> 느니라
> 베드로전서 1:14-16

여기서 베드로는 레위기 11:44를 인용하여 그의 메시지를 전했다. "나는 여호와 너희의 하나님이라 내가 거룩하니 너희도 몸을 구별하여 거룩하게 하고 땅에 기는 길짐승으로 말미암아 스스로 더럽히지 말라." 이 인용된 구절은 우리가 말하고 있는 내용과 분명 모순되어 보인다. 왜냐하면 베드로가 인용하고 있는 것은 원래 이스라엘 백성에게 부정한 음식으로 스스로를 더럽히지 않게 하기 위한 신학적 권고이기 때문이다. 히브리서 기자는 "먹고 마시는 것과 여러 가지 씻는 것과 육체의 예법"은 "개혁할 때까지 맡겨 둔 것이라"(히 9:10)고 분명하게 말했다. 여기서 베드로가 말하고자 하는 것은 그의

서신을 읽는 이들에게 음식에 관한 율법을 지키라는 것이 아니라, "너희가 전에 알지 못할 때에 따르던 너희 사욕을 본받지 말라"(벧전 1:14)는 것이다.

그러면 우리는 이것을 어떻게 이해해야 하는가? 베드로는 어떻게 여전히 성경으로서의 기능은 있지만 그의 청중들에게 의무가 되지 않는 율법에 관한 구절에서 변치 않는 신학적 진리를 이끌어 낼 수 있는가? 그 대답은 간단하다. 비록 예슈아께서 레위 계통이 아닌 제사장직으로 세워지셔서 율법이 바뀌어야 하지만(히 7:12), 율법은 영원히 변치 않으시는 하나님의 속성을 반영하기 때문이다(말 3:6). 우리가 새 언약 아래에서 하나님의 거룩을 말하는 표현은 다를 수 있지만, 하나님은 언제나 거룩하시다(벧전 1:16; 레 11:44-45를 보라). 마찬가지로, 율법에 나타난 것처럼 하나님은 항상 유일하시고(막 12:29; 약 2:19; 신 6:4를 참조하라), 하나님은 항상 긍휼하시며 자비하시다(눅 6:36; 약 5:11; 출 34:6을 참조하라).

하나님은 변치 않으시고, 율법은 하나님의 속성을 나타내는 것이기 때문에, 율법은 계속해서 신학으로서, 하나님의 성품과 속성을 나타내는 것으로서의 기능을 할 것이다. 우리는 하나님을 더 알기 위하여 율법을 공부하고 묵상한다. 하나님께서 그것을 주셨고, 하나님은 결국 그분의 아들까지 주셨다!

사랑으로서의 율법

예슈아께서 가장 큰 계명이 무엇이냐는 질문을 받으셨을 때, 그분은 모든 계명을 두 가지로 요약해서 말씀하셨다.

>³⁶선생님 율법 중에서 어느 계명이 크니이까
>³⁷예수께서 이르시되 네 마음을 다하고 목숨을 다하고
> 뜻을 다하여 주 너의 하나님을 사랑하라 하셨으니
>³⁸이것이 크고 첫째 되는 계명이요
>³⁹둘째도 그와 같으니 네 이웃을 네 자신 같이 사랑하라
> 하셨으니
>⁴⁰이 두 계명이 온 율법과 선지자의 강령이니라
> 마태복음 22:36-40

모든 계명의 핵심은 사랑, 즉 하나님을 사랑하고 다른 사람들을 사랑하는 것이다. 바울은 이것을 분명히 기록했다.

>⁸피차 사랑의 빚 외에는 아무에게든지 아무 빚도 지지 말라
> 남을 사랑하는 자는 율법을 다 이루었느니라
>⁹간음하지 말라, 살인하지 말라, 도둑질하지 말라, 탐내지 말

라 한 것과 그 외에 다른 계명이 있을지라도 네 이웃을 네 자신과 같이 사랑하라 하신 그 말씀 가운데 다 들었느니라 [10]사랑은 이웃에게 악을 행하지 아니하나니 그러므로 사랑은 율법의 완성이니라

로마서 13:8-10

우리가 율법을 묵상할 때, 율법은 우리에게 하나님을 사랑하고 다른 사람들을 사랑하는 데 헌신된 삶을 사는 것을 상기시키고 그런 삶을 요구한다. 우리는 하나님을 사랑하고 다른 사람들을 사랑함으로 율법을 이룬다(마 5:17-48; 약 2:10-12를 보라). 이것은 우리가 하나님을 사랑하고 다른 사람들을 사랑하는 것을 옛 언약 아래에 있을 때와 같은 방법으로 표현한다는 것이 아니다. 어떤 경우, 예슈아를 믿는 사람으로서 우리의 행동은 율법에 기록된 것을 넘어선다(예를 들면, 마 5:27-28, 33-37을 보라). 다른 경우, 우리의 새 언약의 사랑은 모세의 율법과 반대되는 방식으로 표현된다. 히브리서 기자가 지파와 상관 없이 그것을 읽는 유대인들에게 "우리가 예수의 피로 인하여 성소에 들어가나니, 그 길은 우리를 위하여 휘장 가운데로 열어 놓으신 새로운 살 길이요 휘장은 곧 그의 육체니라"(히 10:19-20)고 말할 때에, 그는 우리에게 하나님

께 가까이 나아감으로 하나님을 사랑하라고 한 것이지만, 그것은 율법 아래에서 엄격하게 금했던 일이다. 바울은 이방인들(그리고 유대인들)에게 "묵은 누룩으로도 말고 악하고 악의에 찬 누룩으로도 말고 누룩이 없이 오직 순전함과 진실함의 떡으로"(고전 5:8) 절기(유월절)를 지키라고 했는데, 그는 분명 율법이 할례 받지 않은 이방인들에게 이 절기를 지키는 일을 엄격하게 금하는 것(출 12:48)에 대하여 전혀 신경 쓰지 않았다. **이와 같이, 우리는 하나님을 사랑하고 사람들을 사랑하는 것이 계속해서 새 언약의 핵심이며, 우리가 사랑함으로 율법을 이룬다는 것을 알았다.** 또한 우리는 하나님을 사랑하고 사람들을 사랑하는 것을 반드시 율법 아래에서와 똑같은 방식으로 행할 필요는 없다는 것을 알게 되었다.

지혜로서의 율법

바울서신을 보면, 율법(그리고 토라 전체)은 우리를 위하여 기록되었다! 바울은 두 군데에서 신명기 25:4, "곡식 떠는 소에게 망을 씌우지 말지니라"를 인용하여, 그것을 우리가 새 언약의 일꾼들을 대하는 방식에 적용했다(고전 9:9; 딤전

5:18). 그는 이렇게 썼다.

> ⁸내가 사람의 예대로 이것을 말하느냐 율법도 이것을 말하지 아니하느냐
> ⁹모세의 율법에 곡식을 밟아 떠는 소에게 망을 씌우지 말라 기록하였으니 하나님께서 어찌 소들을 위하여 염려하심이냐
> ¹⁰오로지 우리를 위하여 말씀하심이 아니냐 과연 우리를 위하여 기록된 것이니 밭 가는 자는 소망을 가지고 갈며 곡식 떠는 자는 함께 얻을 소망을 가지고 떠는 것이라
> 고린도전서 9:8-10

율법은 소를 위하여 기록된 것이 아니라, 우리를 위하여 기록되었다! 이와 비슷하게 바울은 고린도전서 10:9-11에서 이렇게 썼다.

> ⁹그들 가운데 어떤 사람들이 주를 시험하다가 뱀에게 멸망하였나니 우리는 그들과 같이 시험하지 말자
> ¹⁰그들 가운데 어떤 사람들이 원망하다가 멸망시키는 자에게 멸망하였나니 너희는 그들과 같이 원망하지 말라
> ¹¹그들에게 일어난 이런 일은 본보기가 되고 또한 말세를 만

난 우리를 깨우치기 위하여 기록 되었느니라

불 뱀의 슬픈 이야기는 "우리를 깨우치기 위하여 기록되었다"(엡 6:1-3을 참조하라). 잠깐! 우리는 이전에 바울이 율법을 예슈아가 오실 때까지의 임시적인 개인교사로 생각한다는 것을 보았다(갈 3:24). 또한 그는 우리가 더 이상 율법 아래에 있지 않다는 것을 강조했다(롬 6:14; 7:1-4). 그러면 우리가 더 이상 율법 아래에 있지 않다면, 그는 어떻게 그 율법이 우리를 위하여 기록되었다고 말할 수 있는가? 이 질문에 대한 대답은 신명기 4:5-6에서 찾을 수 있다.

> ⁵내가 나의 하나님 여호와께서 명령하신 대로 규례와 법도를 너희에게 가르쳤나니 이는 너희가 들어가서 기업으로 차지할 땅에서 그대로 행하게 하려 함인즉
> ⁶너희는 지켜 행하라 이것이 여러 민족 앞에서 너희의 지혜요 너희의 지식이라 그들이 이 모든 규례를 듣고 이르기를 이 큰 나라 사람은 과연 지혜와 지식이 있는 백성이로다 하리라

율법은 하나님의 위대한 지혜가 나타난 것이다. 규례와 법도는 "너희의 지혜와 너희의 지식"과 같은 것이다. 바울이

신명기 25:4("곡식 떠는 소에게 망을 씌우지 말지니라")를 우리가 일꾼들을 대하는 방식으로 적용한 것은 '칼 바호메르'(Qal vahomer)[75]에 기반한 "지혜의 적용"이다. 하나님께서 우리에게 육적인 양식을 제공하는 동물들에게 친절하고 너그럽게 대하도록 명령하셨다면, 우리는 우리에게 영적 양식을 제공하는 일꾼들에게 훨씬 더 친절하고 너그럽게 대해야 하지 않겠는가? 바울은 이스라엘이 광야에서 불평한 이야기를 그의 시대에 지혜를 주는 것으로 보았다. 토라는 우리가 불평해서는 안 된다고 분명히 말하고 있다! 하나님께서 고대 이스라엘 사람들에게 "지붕에 난간을 만들어 사람이 떨어지지 않게 하라 그 피가 네 집에 돌아갈까 하노라"(신 22:8)고 말씀하셨을 때, 우리는 우리의 집과 사무실 등을 만들 때에 그 안에 있는 사람들을 위하여 안전하게 만들라는 원리를 이끌어낼 수 있다. 신명기 22:8의 적용 중 하나로, 우리 집에 바닥을 기어 다니는 아이들을 위한 (부딪혀서 상처가 나는 것을 방지하는) 모

---

[75] 칼 바호메르는 더 작은/가벼운 것으로부터 더 큰/무거운 것을 말하는 랍비들의 해석 방법으로(한글성경에서는 '하물며'로 40회 번역되었다. 예: 신 31:27; 삼상 14:29-30; 욘 4:11; 눅 11:13; 18:7; 히 9:14 - 역자주), 예를 들면 마 6:30이 있다: "… 들풀도 하나님이 이렇게 입히시거든 하물며 너희일까보냐?"

서리보호대 같은 것이 있을 수 있다.[76] 우리는 토라에 나오는 이야기들을 묵상하는 것만이 아니라 그 율법들을 묵상함으로 우리의 삶을 위한 지혜를 얻을 수 있다.

검사로서의 율법

율법의 다른 목적 외에도, 우리는 율법이 우리에게 불리한 증언을 하도록 하나님께서 정하셨다는 것을 알 수 있다.

> 모세가 주의 언약궤를 메는 레위인들에게 명령하기를
> "이 율법책을 가져가서 너희 하나님 주의 언약궤 옆에
> 두어, 그것이 너희에게 불리한 증거로 거기 있게 하라."
> 신명기 31:25-26 ESV

---

[76] 고대 근동에서도 바로 이렇게 대부분의 "법"이 주어진 것으로 보인다(예, 함무라비 법전). 그것은 그 자체가 민법으로 주어진 것이 아니라, 지혜로운 왕의 판결을 모아둔 것이었다. 이 판결들은 지혜로운 통치를 위한 지침들로서 계속해서 모방되어 왔다. 그런 이유로 그 적용은 이후의 세대들에게 실제적인 것이 되었다. 그래서 때로 신약의 저자가 구약을 인용할 때, 그는 그것이 나타내는 의미를 바꾸려는 것이 아니라, 그 뒤에 있는 원리에 집중하게 하기 위하여 그 구절을 인용하는 것일 수 있다.

율법은 개인만이 아니라 민족적 차원에서 우리에게 불리한 증언을 하는 검사의 역할을 한다.

> [19]우리가 알거니와 무릇 율법이 말하는 바는 율법 아래에 있는 자들에게 말하는 것이니 이는 모든 입을 막고 온 세상으로 하나님의 심판 아래에 있게 하려 함이라
> [20]그러므로 율법의 행위로 그의 앞에 의롭다 하심을 얻을 육체가 없나니 율법으로는 죄를 깨달음이니라
> 로마서 3:19-20

우리는 율법을 묵상함으로 궁극적으로 율법 자체가 고쳐지도록 설계되지 않았다는 문제점을 알게 된다. 또 우리는 율법을 묵상함으로 우리에게 영속적인 속죄물, 메시아 예슈아가 필요하다는 것을 절실히 깨닫게 된다.

> [21]이제는 율법 외에 하나님의 한 의가 나타났으니 율법과 선지자들에게 증거를 받은 것이라
> [22]곧 예수 그리스도를 믿음으로 말미암아 모든 믿는 자에게 미치는 하나님의 의니 차별이 없느니라
> [23]모든 사람이 죄를 범하였으매 하나님의 영광에 이르지 못하

더니

^{24}그리스도 예수 안에 있는 속량으로 말미암아 하나님의 은혜로 값 없이 의롭다 하심을 얻은 자 되었느니라

^{25}이 예수를 하나님이 그의 피로써 믿음으로 말미암는 화목제물로 세우셨으니 이는 하나님께서 길이 참으시는 중에 전에 지은 죄를 간과하심으로 자기의 의로우심을 나타내려 하심이니

^{26}곧 이 때에 자기의 의로우심을 나타내사 자기도 의로우시며 또한 예수 믿는 자를 의롭다 하려 하심이라

로마서 3:21-26

사도 바울이 그와 율법의 관계를 어떻게 보고 있는지를 설명하기 위하여, 이 논란이 많고 자주 오해 받는 성경 구절을 살펴보자. 사도행전 21:20-26에서 바울은 모세의 율법을 따라서 자신과 네 사람의 정결례를 행하고 예물을 바치기 위하여 성전에 간다. 어떤 사람은 바울이 동물 제사를 드린 것이 그가 율법 아래에 있었다는 증거라고 말한다. 그러나 문맥을 보면 모든 것을 알 수 있다. 주목할 점은 "정결" 예식에 개인의 죄를 위한 속죄가 반드시 포함되지는 않는다는 것이다. 아이를 낳는 일이 죄가 아님에도 불구하고, 여인들은 출산 후에

정결예식을 행해야 했다(레 12:2; 눅 2:22). 그러므로 바울의 "정결"을 위한 행위도 동물 제사를 통하여 개인의 속죄를 하려고 한 것으로 볼 필요는 없다.

그러면 이 구절들은 무엇을 말하고 있는 것인가? 그에게 생긴 문제는 그가 유대인들, 특히 이방 땅에 사는 유대인들에게 계속해서 모세, 즉 율법을 "버리라고"(헬라어 '아포스타시아', '배교하다') 가르쳤다는 소식이 널리 퍼진 것이다. 바울은 이단 행위로 비난을 받고 있었다. 예루살렘에 있는 성도들이 지나치게 종교적인 사람들에게, 끝없는 설명과 논쟁과 혹시 모를 소동을 일으키지 않고, 바울이 사실은 율법을 지키는 이스라엘 사람이라는 것을 보여줄 수 있는 방법은 무엇인가? 그들은 나실인의 서원에서 그 해답을 찾았다. 만약 바울이 이 헌신 예식을 행하면, 그것은 성전에서 공인된 제사장들이 있는 곳에서 이루어질 것이기 때문에 그는 어떤 율법도 범하지 않게 된다. 사실, 사람들에게 조용히 율법에 순종하는 모습을 보이는 것으로 큰 효과를 볼 수 있다. 그래서 바울은 선의의 표현으로 그들의 계획에 동의하고 다른 사람들과 함께 자신을 다시 하나님께 헌신하였다. 사도 바울이 의심과 소문을 떨쳐 버리기 위하여 헌신 예식에 참여한 것은, 디모데에게 할례를 행한 것과 같은 이유, 즉 "그 지역에 있는 유대인들 때문"(행 16:3)이다. 이것은 바울이 말한 것과 같다. "유대인들에게 내가 유대인과 같이 된 것은 유대인들을 얻고자 함이요 율법 아래에 있는 자들에게는 내가 율법 아래에 있지 아니하나 율법 아래에 있는 자 같이 된 것은 율법 아래에 있는 자들을 얻고자 함이요"(고전 9:20).

바울은 자신이 율법 아래에 있지 않다고 말하는 것을 넘어서, 그가 예슈아를 만나고 이전에 율법 아래에서 살던 삶이 근본적으로 바뀌었다고 주장했다. 그는 이렇게 기록했다.

> [4] 그러나 나도 육체를 신뢰할 만하며 만일 누구든지 다른 이가 육체를 신뢰할 것이 있는 줄로 생각하면 나는 더욱 그러하리니
> [5] 나는 팔일 만에 할례를 받고 이스라엘 족속이요 베냐민 지파요 히브리인 중의 히브리인이요 율법으로는 바리새인이요
> [6] 열심으로는 교회를 박해하고 율법의 의로는 흠이 없는 자라
> [7] 그러나 무엇이든지 내게 유익하던 것을 내가 그리스도를 위하여 다 해로 여길뿐더러
> [8] 또한 모든 것을 해로 여김은 내 주 그리스도 예수를 아는 지식이 가장 고상하기 때문이라 내가 그를 위하여 모든 것을 잃어버리고 배설물로 여김은 그리스도를 얻고

⁹그 안에서 발견되려 함이니 내가 가진 의는 율법에서 난 것이 아니요 오직 그리스도를 믿음으로 말미암은 것이니 곧 믿음으로 하나님께로부터 난 의라

¹⁰내가 그리스도와 그 부활의 권능과 그 고난에 참여함을 알고자 하여 그의 죽으심을 본받아

빌립보서 3:4-10

우리는 율법이 선하고, 거룩하며, 아름답다는 것을 알았다. 율법은 토라 이야기 전체의 일부분으로서, 계속해서 가르치고, 알리고, 훈계하는, 성령의 영감으로 기록된 성경으로서의 역할을 한다(딤후 3:16-17). 율법은 무엇인가에 대한 질문에 대하여 더 많은 대답이 있을 수 있다. 그러나 예슈아가(율법이 아니라) 토라의 목표이기 때문에, 우리가 율법을 옛 시대의 것이나 쓸모 없는 것으로 여겨서 폐하지 않는다는 것을 보여주는데 있어서 이 몇 가지로 충분할 것이다. 오히려 율법은 하나님께서 태초부터 항상 정하신 것, 곧 개인교사와 그림자와 신학과 사랑과 지혜와 우리에 대한 불리한 증거로서, 모든 사람이 하나님의 영광에 이르지 못하여 우리가 율법을 지킬 수 없게 된 문제를 해결해 줄 다른 곳을 바라보게 한다.

10

하나님의 절충된 이상

로라 슐레신저 박사(Dr. Laura Schlessinger)는 그녀의 라디오 프로그램에 전화를 걸어오는 사람들에게 토라에 기반한 조언을 해 주는 유명한 미국 라디오 진행자이자 율법을 준수하는 정통파 유대인이다. 그녀 앞으로 한 통의 공개 서한이 왔는데 그것은 빈정거리는 말로 가득했다. 이 편지는 인터넷에서 유명해졌으며, 그 내용은 다음과 같다.

친애하는 로라 박사님,

사람들에게 하나님의 율법과 관련된 내용을 가르치는 노고에 감사드립니다. 나는 당신의 라디오 프로그램에서 많은 것을 배우고, 그 지식을 가능한 한 많은 사람들에게 나누고

자 했습니다. 예를 들면, 어떤 사람들이 그들의 동성애의 삶을 변호하려고 할 때, 나는 그저 그들에게 레위기 18:22가 분명 그것을 가증한 일이라고 한다… 이것으로 토론 끝이라고 했습니다.

그런데 나는 정말로 당신의 조언이 필요한 문제가 있습니다. 그것은 하나님의 율법의 또 다른 요소들과 그것을 어떻게 지켜야 하는가에 대한 문제입니다.

1. 레위기 25:44는 내가 주변 나라에서 산 사람들은 남녀 모두 종으로 소유할 수 있다고 말합니다. 내 친구 중에 한 명이 이것은 멕시코인들에게는 적용되지만, 캐나다인들에게는 적용되지 않는다고 합니다. 이것에 대하여 명확히 설명해 주시겠습니까? 왜 캐나다인은 소유할 수 없는 건가요?

2. 출애굽기 21:7에서 허락하는 것처럼, 나는 내 딸을 노예로 팔고 싶습니다. 현재 그리고 이 시대에 그녀에 대한 가격은 얼마가 적당할까요?

3. 레위기 15:19-24에 따르면, 나는 여자가 생리로 부정한 기간에 접촉해서는 안 된다는 것을 알고 있습니다. 그런데 문제는 내가 그것을 어떻게 알 수 있냐는 것입니다. 내가 물어보려고 했지만, 대부분의 여자들이 상처를 받았습니다.

4. 레위기 1:9에 따르면, 내가 제단 위에서 소를 제물로

태우면, 그것이 주께서 기뻐하시는 향기를 낸다는 것을 압니다. 문제는, 나의 이웃들입니다. 그들은 그 냄새가 좋지 않다고 합니다. 그들을 세게 때려야 하나요?

5. 내 이웃 중에 한 사람이 안식일에 일하겠다고 고집을 부립니다. 출애굽기 35:2는 분명히 말하기를 그런 자는 죽이라고 합니다. 나에게 그 사람을 죽여야 할 도덕적 의무가 있나요? 아니면 경찰에게 그렇게 하도록 요구해야 할까요?

6. 내 친구 중 하나가 조개를 먹는 것이 가증한 것이지만(레 11:10), 그것은 동성애보다는 덜 가증한 것이라고 생각하고 있습니다. 나는 그 생각에 동의하지 않습니다. 이 문제에 대한 명쾌한 대답을 주실 수 있습니까? 가증함에도 "정도"가 있나요?

7. 레위기 21:20은 내 눈에 흠이 있으면 하나님의 제단에 가까이 갈 수 없다고 말합니다. 사실 나는 독서용 안경을 낍니다. 나의 시력이 반드시 1.0 이상이어야 하나요? 아니면 어느 정도는 허용이 되나요?

8. 내 친구들 중에 남자들은 대부분 머리를 깎을 때 관자놀이 부분도 함께 깎습니다. 그런데 이것은 레위기 19:27에서 금하고 있습니다. 그 친구들은 어떻게 죽게 되나요?

9. 나는 레위기 11:6-8에서 죽은 돼지의 피부를 만지면

내가 부정해진다는 것을 압니다. 그러나 내가 장갑을 끼면 미식 축구(부정한 동물인 돼지의 방광으로 만든 공으로 하는 - 역자 주)를 할 수 있나요?

10. 삼촌이 농장을 소유하고 있습니다. 삼촌은 같은 밭에 두 가지 다른 작물을 심어서 레위기 19:19를 어겼고, 숙모도 두 종류의 실(면/폴리에스터 혼방)로 만든 옷을 입어서 그 계명을 어겼습니다. 삼촌은 저주나 신성모독하는 말도 자주 하는 편입니다. 우리가 정말로 그들에게 돌을 던지기 위하여 마을 사람들을 모두 모으는 고생을 할 필요가 있나요(레 24:10-16)? 우리가 아내와 장모와 함께 잔 사람을 불사르듯이(레 20:14), 그들을 집안 문제로 처리해서 그냥 불살라 죽일 수는 없나요?

당신이 이런 문제들에 관한 광범위한 연구를 해서 상당한 전문 지식을 갖고 있다는 것을 알기 때문에, 나는 당신이 도움을 줄 수 있을 것이라고 확신합니다. 하나님의 말씀은 영원하고 변하지 않는다는 것을 우리에게 일깨워주어서 다시 한 번 감사드립니다.

당신의 헌신된 제자이자 흠모하는 팬 드림

이 편지는 이런 질문을 제기한다. 우리는 율법이 영적인 것을 알지만(롬 7:14), 토라에 나오는 율법은 원시적인 초기 단계의 것이 아닌가? 글쎄, 어떤 의미에서는 맞는 말이다!

수천 년 전 고대 근동의 시대로 돌아가 보자. 그 시대의 문화와 사고방식은 오늘날 우리의 것과 완전히 다르며, 사회 구조는 타락으로 인하여 심각하게 손상되었다. 이런 배경에서, 하나님이 새로운 민족을 일으키셔서, 그들을 위한 새로운 문화를 창조하기 위하여, 그들이 살아갈 새로운 법을 만들어 주셨다. 그렇게 함으로, 하나님은 주변의 이방 민족들의 영향력 아래에서 생각하고 행동하던 사람들을 하나님의 기대 수준에 맞추셨다. 이 법은 모든 시대에 모든 곳에 거하는 모든 사람들을 위하여 만든 하나님의 이상적이고 영원한 법이 아니다. 이 법은 오래전 그 시대에 특별히 그들을 위하여, 특별한 목적을 위하여 만든 것이다. 이전에 본 것처럼, 구약 성경은 모세의 율법을 장래에 더 나은 언약을 고대하는 열등한 것으로 여기고 있다(렘 31장; 겔 36장). 이것은 모세의 율법이 안 좋다거나 그래서 교체되어야 한다는 말이 아니다. 율법은 선하지만(롬 7:12), 그것은 이상적인 것이 아닌 단지 임시적인 수단이다. 사실 그것은 하나님의 절충안이다. 하나님의 이상을 예를 들자면, 결혼은 남편과 아내가 한 몸으로 연합되는 일부일

처제의 결혼이다(창 2:24). 하나님께서 고대 근동에서 주변 환경의 영향을 받은 타락한 사람들의 민족인 이스라엘을 다루실 때, 하나님의 이상은 변형되고 잊혀졌다. 그래서 하나님은 이 작은 새로운 민족을 통해서 하나님의 이상을 회복시키기 위하여 움직이고 계셨다. 모세의 율법은 그 과정의 첫 단계다.

걸음마

하나님께서 어디에 나타나기로 하셨는지 보자. 그곳은 어디인가? 주님은 가부장적 구조와 장자 상속제와 일부다처제와 전쟁과 노예와 그 외의 타락한 인간 및 사회적 행위가 있는 타락한 문화를 택하셨다. 그것들은 인간의 마음의 완악함 때문에 하나님께서 잠시 허락하신 것이다. 예수님께서 마태복음 19:8에서 말씀하신 것과 같다. "모세가 너희 마음의 완악함 때문에 아내 버림을 허락하였거니와 본래는 그렇지 아니하니라." 우리는 이 구절을 토라의 모든 "이상한 법들"에 적용할 수 있다. 위에 로라 박사에게 보낸 냉소적인 편지에 나오는 법들도 여기에 해당한다. 요컨대, 하나님은 이스라엘이 살고 있는 환경에서 그들을 만나주셨다. "너희 마음의 완악함 때문에" 하나님은 모세를 통하여 노예와 가부장제와 전쟁 등을 허락하셨다. "그러나 처음부터 그렇지는 않았다."

모세의 율법은 이상적이지도 않고 보편적이지도 않다. 신약 성경은 하나님께서 좋지 않은 사회적, 인간적 행위들을 참으셨다는 것을 인정하며 "하나님께서 길이 참으시는 중에 전에 지은 죄를 간과하셨다"(롬 3:25)고 기록했다. 이전에 "알지 못하던 시대에는 하나님이 간과하셨거니와 이제는 어디든지 사람에게 다 명하사 회개하라 하셨다"(행 17:30).

하나님은 이스라엘의 인간적인 타락에 따라 일하시면서, 그들의 걸음마를 하나님의 거룩한 이상을 향하여 인도하셨다. 그러므로, 시내산에서의 율법의 제정은 그들의 고대근동의 문화적 배경 속에 있는 사회 구조를 완전히 무시하지 않은 채 도덕적 개선을 이루는 것이다. 그와 동시에 하나님은 그들에게 더 높은 이상을 보여주려고 하신다. 이는 한 성경학 교수가 말한 것과 같다. "만약 인간이 선택권을 가진 진정한 인간으로서의 대우를 받으려면, 반드시 점점 '더 좋은 길'이 와야 한다. 그렇지 않으면, 그들은 선택의 자유를 행사하여 그들이 이해하지 못하는 것을 외면할 것이다."[77] 히브리서

---

77) Alden Thompson, *Who's Afraid of the Old Testament God?* (Grand Rapids: Zondervan, 1988), 33.

7:18은 "전에 있던 계명은 연약하고 무익하므로 폐하고 (율법은 아무 것도 온전하게 못할지라)"라고 기록했다.

사랑이 많고 은혜로우신 하나님은 창세기의 이상을 회복하는 방향으로 도덕적 향상과 움직임을 이끄신다. 사실 모세의 율법을 고대 이스라엘의 주변 민족들과 비교하면, 주변의 다른 고대근동의 민족들과 문화에서 행하는 야만적인 관습에 비하여 도덕적으로 월등히 뛰어나다는 것을 볼 수 있다.

그래서 우리가 여호수아서 10:22-27에서 여호수아가 다섯 명의 가나안의 왕들의 시체를 하루 종일 나무에 매달아 놓는 이야기를 접할 때에, 그것에 대하여 해명하거나 옹호할 필요가 없다. 여호수아의 행동은 그 시대 문화의 도덕적 수준을 보여주고 있다. 또한 우리는 그것을 통해서, 하나님은 여호수아와 같은 인물들이 다소 부족하더라도 그들이 처한 환경 속에서 그들을 사용하실 수 있다는 것을 알게 된다.

발전의 예: 노예 제도

성경 전체에 걸쳐서 인류가 발전하는 모습의 예로서 노예의 지위를 보면, 인간의 존엄성이 몰락된 상태에서 그것이 점점 회복되는 변화를 볼 수 있다.

고대 근동의 문화에서 노예들은 혹독하고 모욕적인 처우를 받는다. 노예들은 다른 사람들과 동등한 가치를 지니지 않는다. 그들은 어떤 권리도, 인간적 지위도 없이 체벌을 당하거나 심지어 죽임을 당하기도 한다.

모세의 율법에서 노예에 관한 법들은 이상과는 거리가 멀지만, 다른 고대 근동 문화에 비하여 큰 발전을 가져왔는데, 그것은 그들에 대한 징벌에 제한을 둔 것이었다. 그리고 노예들에 대한 더 인간적인 태도가 담겨 있다. 도망간 이방인 노예들에게는 이스라엘 안에서 피난처가 제공되었는데(신 23:15-16), 그것은 주변 문화에서 같은 경우에 죽임을 당하는 것과 대조적이다.[78] 우리는 또한 성경의 노예 제도가 온전한 인간성을 부인하는 미국의 노예 제도와 전혀 비슷하지 않다는 것에 주목해야 한다.

신약 성경은 모세의 율법보다 훨씬 더 진보된 것을 말하고 있다. 로마 제국 안에서 그리스도인 노예들은 그리스도의 몸 안에서 그들의 주인과 동등한 것으로 여겨졌다(갈 3:28). 주인들은 그들의 노예들을 돌봐야 하고, 노예들은 자유를 얻도

---

78) Paul Copan, *Is God a Moral Monster? Making Sense of the Old Testament God* (Grand Rapids: Baker, 2011), 63.

록 권장되었다(고전 7:20-22).

　하나님의 이상은 이미 창조 때에 마련되었지만, 하나님은 인간의 마음의 완악함과 타락한 세상의 사회 구조를 보시고 '조정해 주신다'(accommodate; 특별히 칼빈과 칼빈주의자들의 '조정 이론'의 큰 기여를 지적할 수 있다 – 역자 주). 고대 근동은 그 이상들에서 벗어나 있었음을 드러낸다. 하나님은 구약 시대 이스라엘의 일부 도덕적 결함을 참으시며, 그들의 점진적인 "걸음마"를 통해서 그들을 새롭고 더 나은 이상이라는 높은 곳을 향하여 노력하도록 격려하셨다.

11

오늘날 모세의 율법을 지켜야 하는가?

율법을 지키는 것은 불가능하다

만약 이스라엘이 정말로 계속해서 율법을 지키기를 원했다면 어떻게 되었겠는가? 그것은 절대 불가능하다. 율법의 핵심이자 본질적 요소인 제사장직과 성전과 제사 체계가 더 이상 존재하지 않기 때문이다. 시내산 언약과 율법은 분리될 수 없다. 율법은 단지 언약에서 나온 것이기 때문에 독립적으로 존재할 수 없다. 그것은 샌드위치는 먹지 않고 마요네즈와 겨자 소스만 먹는 것과 같은 의미 없는 일이다. 시내산 언약은 피흘림으로 확정되었고(출 24:8), 제단 위 희생제물의 피로 유지되었다(출 30:10). 제사 체계가 없이는 시내산 언약을 유지할 수 없다. 그것을 지키기를 원하는 사람은, 오직 성전이나 제사장직이나 제사 체계와 관련이 없는 몇 개의 법들만 추려낼 수 있을 것이다. 이 율법이 영감으로 기록된 성경으로서 계속해서 우리에게 말하고 있지만, 전에 보았듯이 그 가운데 많은 부분은 3,500년 전에 고대 근동 세계라는 환경에서 한 나라를 세우려는 목적으로 이스라엘에게 주어진 것이다. 오늘날 우리가 새로운 나라를 세우려면, 백성들에게 그들의 환경과 생활 방식과 시대와 지역에 맞는 (교통과 가족과 세금과 불법 행위와 권리와 노동에 관한) 법과 규칙을 만들어 주어야 한다. 그런데 모세의 율법 중에서 많은 법들, 예를 들면 노예 제도나 정결례에 관한 것들은 우리가 살고 있는 현실과 더 이상 관련이 없기 때문에 우리 시대에 그것을 지키는 것은 실제적으로 불가능하다.

지금 시대에 이스라엘(또는 그 문제에 있어서 누구든지)이 율법을 지킴으로 의롭게 되고 구원을 받을 수 있다고 말하는 것은, 누군가에게 오래된 노트북을 주는데 메인보드와 CPU를 빼고 주는 것과 같다. 그 노트북으로 타자 연습과 같은 것은 할 수 있겠지만, 메인보드와 CPU 같은 핵심 부품이 없으면 그것은 의미 없는 물건이다. 시내산 언약의 핵심 요소는 언약의 피다. 사실 하나님은 우리를 위한 선물로 우리의 모든 필요를 충족시킬 수 있는, 새롭고 업그레이드된 노트북을 가지고 계신다!

이런 생각을 해 본 적이 있는가? "오늘날 성전이 있다면 어떻게 되었을까? 이스라엘은 시내산 언약을 지키고 율법으로 구원 받을 수 있었을까?" 그 대답은 여전히 "아니요"이다. 첫째, 제사장의 계보를 포함한 성전의 기록은 제2성전이 무너지면서 모두 소멸되었다. 그러므로 오늘날 성전이 있다 하더라도, 누가 제사장으로 섬겨야 하는가에 대해서 확실히 알 방법이 없다. 둘째, 우리에게는 이제 새 언약이 있다. 예슈아 안에 있는 사람들은 새 피조물이다. 하나님의 새롭고 더 온전한 계시는 이전 것을 사라지게 한다. 새 언약 안에서 이제 우리가 성전이다. "너희는 너희가 하나님의 성전인 것과 하나님의 성령이 너희 안에 계시는 것을 알지 못하느냐"(고전 3:16).

탈무드의 확증

탈무드는 고대 유대인들의 전승을 모아 놓은 책으로, 구전 율법과 모세의 율법에 대한 해설로 이루어졌다. 우리가 탈무드를 하나님의 영감으로 기록된 권위 있는 문서로 인정하지는 않지만, 우리는 거기서 제2성전 시대의 많은 부분을 배울 수 있다. 그뿐만 아니라, 아마도 그들이 의도한 것은 아니지만, 신약 성경에서 옛 언약은 더 이상 그 기능을 하지 않는다고 선포한 것에 대한 탈무드 현인들(고대 랍비들)의 확증도 발견할 수 있다. 탈무드에 의하면, 제2성전이 아직 그대로 있을 때에, 대제사장은 욤 키푸르(대속죄일) 전에 영적으로 준비되기 위하여 일주일 동안 자신을 구별했다. 그는 대속죄일 동안에 잠을 자지 않고, 먼저는 자신을 위하여, 그후에 이스라엘 민족을 위하여 제사를 드렸다. 같은 시간에 이스라엘 백성은 금식하고, 기도하며, 하나님 앞에 민족 전체의 죄에 대하여 회개했다. 그 제단 위의 피가 이스라엘 민족의 죄를 그 다음 해까지 일시적으로 덮어주었다(레 17:11).

이제 흥미로운 부분이 등장한다. 탈무드는 말하기를 대속죄일이 끝날 무렵에 대제사장은 이스라엘의 속죄가 받아들여졌음을 나타내는 하나님의 "기적적인 확인 증표"을 기다렸다고 한다. 하나님은 그것을 받으셨다는 것을 어떻게 나타내셨는가? 탈무드에 의하면, 성전 안에는 '라숀 쉘 제후리트'("양모의 혀/끈"이란 뜻으로, 탈무드 *Aboth Baba Metzia* 2:1은 '라숀 쉘 아르가몬', "자주빛 양모의 끈"이라 불렀다 – 역자 주)라 부르는 붉은 천이 있었다. 이 천 조각이 기적적으로 붉은 색에서 흰 색으로 바뀌는 것이 하나님께서 정말로 그들의 제사를 받으셨고 그들의 죄가 다음 해까지 덮어졌다는 것을 나타내는 이스라엘 민족을 향한 표징이었다. 탈무드의 현인들은 기록하기를(Yoma 39b를 보라), 예루살렘 성전이 무너지기 40년 전(성전이 주후 70년에 무너졌기 때문에 주후 약 30년 경) 대속죄일에 그 붉은 천이 더 이상 희게 되지 않았다고 했다.[79] 탈무드는 말하기를 이 일로 인하여 제사장들이 큰 혼란과 괴로움을 겪었다고 한다.

탈무드에 의하면, 주후 30년경부터 하나님은 더 이상 시내산 언약을 이스라엘의 죄를 덮는 방법으로 여기지 않으셨다. 시내산 언약은 어떻게 된 것인가? 그 대답은, 이제는 율법이 새로운 방법으로 이루어졌다는 것이다. 그것은 우리의 죄를 한 해 동안 임시적으로 덮는 어떤 것이 아니라, 우리의 죄를 단번에 속죄하시는 어떤 분에 의해서 된 것이다.

> ⁴이는 황소와 염소의 피가 능히 죄를 없이 하지 못함이라
> ⁵그러므로 주께서 세상에 임하실 때에 이르시되 하나님이 제사와 예물을 원하지 아니하시고 오직 나를 위하여 한 몸을 예비하셨도다…

---

79) *Rosh HaShanah* 31b, 32a를 참고하라. 미쉬나와 예루살렘 탈무드에도 비슷한 내용이 있다.

11장 오늘날 모세의 율법

> ¹⁰이 뜻을 따라 예수 그리스도의 몸을 단번에 드리심으로
> 말미암아 우리가 거룩함을 얻었노라
> 히브리서 10:4-5,10

유대인 정체성의 위기

주후 70년에 성전이 무너진 후에, 유대교의 지도자들은 심각한 문제에 직면했다. 하나님께서 예레미야를 통하여 주신 계시를 따라 그들의 첫 번째 흩어짐의 기한이 70년으로 정해진 것과 달리, 이번에는 그들이 그 구체적인 기한을 깨달을 수 있는 예언이 전혀 없었다. 성전이 없어지고, 하나님께서 그들의 제사를 받지 않으시며, 메시아가 없는데 어떻게 유대 민족이 계속해서 존재할 수 있는가? 이 때에 유대 민족은 역사상 가장 심각한 정체성의 위기를 맞이하게 되었다. 그러나 예레미야 선지자의 말이 그들의 혼란과 괴로움을 덜어주었을 것이다.

> ³¹여호와의 말씀이니라 보라 날이 이르리니 내가 이스라엘
> 집과 유다 집에 새 언약을 맺으리라

³²이 언약은 내가 그들의 조상들의 손을 잡고 애굽 땅에서 인도하여 내던 날에 맺은 것과 같지 아니할 것은 내가 그들의 남편이 되었어도 그들이 내 언약을 깨뜨렸음이라 여호와의 말씀이니라
³³그러나 그 날 후에 내가 이스라엘 집과 맺을 언약은 이러하니 곧 내가 나의 법을 그들의 속에 두며 그들의 마음에 기록하여 나는 그들의 하나님이 되고 그들은 내 백성이 될 것이라 여호와의 말씀이니라

예레미야 31:31-33

에스라와 느헤미야의 시대에(스 10:5-17; 느 8-9장 참조 — 역자 주) 하나님의 말씀을 중심으로 하여 시작된 영적 부흥 운동은 적용적인 전통들을 이상화하는 운동으로 성장했다. 바리새인들의 전통이 랍비 유대교로 발전하고 있었다. 사람이 만든 전통을 길과 진리와 생명으로 선포하는 것은 새로운 것이 아니다. 이사야서 29:13에서도 이것을 볼 수 있다. "이 백성이 입으로는 나를 가까이 하며 입술로는 나를 공경하나 그들의 마음은 내게서 멀리 떠났나니 그들이 나를 경외함은 사람의 계명으로 가르침을 받았을 뿐이라." 사람이 만든 전통에 그런 권위를 부여하는 것을 정당화시키는 방법은, 그것이 사

실은 시내산에서 모세에게 구전 율법으로서 주어졌다고 주장하는 것이다. 위태로운 해인 주후 70년과 135년 사이의 65년간의 형성기에, 유대교는 그 권위가 고대 히브리어 성경 속의 하나님의 계시가 아니라 랍비들에게 있는 종교가 되었다. 그 형성기에 유대 세계의 지도자들은 의도적으로 성경과의 관계를 끊어버렸다. 이것이 심한 말로 들릴 수도 있지만, 이것이 실제로 탈무드가 가르치는 내용이다. 탈무드에 널리 알려진 한 기초적인 이야기가 있는데, 그 이야기는 유대 세계를 장악했던 바리새파 지도자들이 주장하는 새로운 권위를 보여주고 있다. 이 이야기는 두 유명한 랍비인 엘리에제르 벤 히르카누스(Eliezer ben Hyrkanus)와 조슈아 벤 하나니아(Joshua ben Hananiah)가 "아크나이의 화덕"(Akhnai's Oven)에 관하여 논쟁하는 것을 다루고 있다(*Baba Metzia* 59b).

그 논쟁은 아크나이라는 사람의 질문에 관한 것으로, 그는 흙으로 만든 화덕을 소유한 빵 굽는 사람이다. 그의 빵 굽는 일이 잘 되어, 그는 화덕을 여러 조각으로 자른 후 그 조각들을 모래와 함께 다시 붙여서 더 큰 화덕을 만들었다. 그가 산헤드린 앞으로 가져온 질문은 그 새로 만든 화덕이 정결한가(코셔[유대인의 정결음식법 – 역자 주]에 맞는가), 아니면 부정한가(이것은 아크나이의 사업과 관련하여 아주 중요한 질문임)이다.

탈무드는 다음과 같이 자세히 기록했다. 랍비 엘리에제르는 "세상의 모든 해답"을 가져와서 그 화덕이 정결하다는 것을 증명하려고 했지만, 다른 사상을 갖는 학파의 대부분의 랍비들은 그의 답을 받아들이지 않고 그것이 정결하지 않다고 했다. 랍비 엘리에제르는 기적적인 표징들로 자신이 옳다는 것을 증명하려고 하기 시작했다. 무화과나무가 기적적으로 뿌리째 뽑혀서 다른 곳에 다시 심기고, 수로에 흐르는 물이 거슬러 올라가는 일 등이 있었다. 이 모든 일에도 불구하고, 대다수의 랍비들은 주의를 기울이지 않고 계속해서 반대했다. 결국 랍비 엘리에제르가 소리쳤다. "내가 옳다면 하늘이 그것을 증명할 것이오!" 그러자 하나님께서 하늘에서 음성(히브리어로 '바트 콜'; "음성의 딸"이란 뜻으로 랍비적 유대교 용어이다. 구약의 예언과는 별개로서, 하나님과 어떤 수준의 관계인지에 상관없이 개인이나 그룹[통치자들, 죄인들, 이스라엘, 세계]에게 하나님의 뜻이나 심판을 선포하는 하늘/하나님의 음성을 가리킨다 – 역자주)으로 말씀하시기를, "내 아들 엘리에제르의 말이 옳다!"고 하셨다. 그 소리가 나자마자, 랍비 엘리에제르를 반대하는 사람들의 지도자인 랍비 조슈아가 탈무드에서 가장 중요한 선언 중 하나를 말했다. **"그것은 하늘에 있는 것이 아니다!"**(신 30:12에서 문맥과 무관하게 가져온 말). 랍비 조슈아는 이 말을 함으로 하나님이 더 이상 하늘에서 결정하시지 않고, 랍비들이 땅에서 결정한다고 말한 것이다. 그는 하나님께서 우리(즉, 이스라엘을 대표하는 랍비들)에게 그분의 말씀을 주셨으니, 그러므로 이제 그것은 우리가 원하는 대로 해석할 수 있는 우리 것이라고 선포한 것이다.[80]

탈무드는 계속해서 기록했다. 이 모든 일이 있은 후에, 엘리야 선지자와 모세가 거룩하신 분, 그 이름이 찬양 받으실 분께 묻기를, "지금 무슨 일이 일어난 것입니까?" 하였다. 하나님께서 웃으며 답하시기를, "내 아들들이 나에게 이겼다", 즉 하나님께서 랍비들의 권위를 성경의 권위와 하나님 자신의 권위보다 더 큰 것으로 받아들이셨다고 했다. 또는, 이 탈무드 이야기의 마지막에 나오는 랍비 조슈아의 말로 하면, "토라의 뜻을 알아내는 것은, 선지자나 하나님의 기적이나 그분의 음성이 아니라, 사람의 해석과 의사 결정을 통해 이루어져야 한다"는 것이다.

---

[80] 우리는 랍비 조슈아의 또 다른 유명한 말에서 "우리가 원하는 대로" 해석하는 것의 좋은 예를 볼 수 있다. "다수를 따르는 것에서 벗어나라!" 그가 여기서 의미한 것은 다수가 결정한다는 것이다. 그는 출 23:2가 실제로 의미하는 것과 정반대의 의미로 이 구절을 인용했다. 그 의미는 전체 구절을 읽어보면 분명히 알 수 있는 것이다. "다수를 따라 악을 행하지 말며 (또는 다수를 따르는 것에서 벗어나서 악을 행하지 말며) … 부당한 증언을 하지 말며."

이 탈무드의 이야기는 그때부터 시작해서 지금까지 계속되는 유대인들의 세계에서 일어난 급격한 변화를 신랄하게 보여주고 있다. 유대인들은 더 이상 하나님의 말씀의 권위 아래에 있지 않고, 오히려 독립적이고 창조적이며 사람이 만든 해석과 적용 아래에 있다. 그때 이후로 랍비들의 전승은 구전 율법으로 불리며, 미쉬나와 게마라로 이루어진 탈무드 안에 "정경화"되었다. 우리가 유대인들의 전승(가끔 이것을 토라로 부르는 경우가 있는데 그것은 잘못되었다)을 지키거나 고수한다는 것을 이야기할 때, 유대인 세계가 겪은 변화가 얼마나 크고 중요한지를 이해하는 것이 반드시 필요하다. 바울은 이스라엘이 사람이 만든 규례를 통하여 의를 얻으려는 그들의 열심에 대하여 이야기했다.

> [1]형제들아 내 마음에 원하는 바와 하나님께 구하는 바는 이스라엘을 위함이니 곧 그들로 구원을 받게 함이라
> [2]내가 증언하노니 그들이 하나님께 열심이 있으나 올바른 지식을 따른 것이 아니니라
> [3]하나님의 의를 모르고 자기 의를 세우려고 힘써 하나님의 의에 복종하지 아니하였느니라
> [4]그리스도는 모든 믿는 자에게 의를 이루기 위하여 율법의

마침이 되시니라

로마서 10:1-4

모세의 자리는 무엇인가?

어떤 사람들은 이런 질문을 할 수도 있다. 우리가 정말 구전 율법을 따르지 말아야 하는가? 예수아도 우리에게 랍비들의 말을 듣고 그들의 법을 지키라고 마태복음 23:2-3에서 말씀하시지 않았는가? "서기관들과 바리새인들이 모세의 자리에 앉았으니 그러므로 무엇이든지 그들이 말하는 바는 행하고 지키되."

단 하나의 구절로, 특히 그것의 문맥과 분리하여, 종합적이고 광범위한 신학을 만들어 내는 것은 지혜롭지 못한 일이다. 마태복음의 이 부분은 예수아께서 새 언약을 세우기 전에 하신 말씀이다. 만약 예수아께서 우리가 랍비들(바리새인들과 서기관들)을 따르기를 원하셨다면, 복음서의 다른 곳에서도 말씀하셨을 것이다. 사도들도 우리에게 랍비들을 따르라고 가르치지 않았다. 예수아는 자신의 삶을 통하여 이것과 정반대되는 것을 보여주셨다. 그분은 제2성전 시대에 행하던 손

씻는 전통을 따르지 않으셨다(마 15:1-9). 다른 곳에서는 말씀하시기를 "너희가 너희 전통을 지키려고 하나님의 계명을 잘 저버리는도다"(막 7:9)라고 하셨다. 하나님께서 사람이 만든 종교적 전통으로 그분의 은혜를 얻으려고 하는 것을 싫어하신다는 것은 새로운 개념이 아니다. 우리는 성경 전체에 걸쳐서 이것을 볼 수 있다(사 29:13).

그러므로 만약 예슈아가 단 한 구절에서 우리가 랍비들에게 순종해야 한다고 하셨다면, 주님은 우리에게 어떤 랍비 학파(예를 들면, 샴마이 학파 또는 힐렐 학파)를 따라야 하는지 말하는 것을 잊어버리신 것이다. 왜냐하면 예슈아의 시대에 그들이 율법에 관한 상반된 해석을 내놓았기 때문이다. 게다가 예슈아는 선지자들의 말과, 앞으로 보겠지만, 심지어 같은 장에서 그분 자신이 가르친 것과 정면으로 모순된 말씀을 하시는 것이 된다!

그러면 이 구절에서 예슈아께서 말씀하시는 것은 무엇인가? "모세의 자리"는 일부 사람들이 주장하는 것과 같은 랍비들의 권위를 말하는 것인가? 그렇지 않다! 오히려 "모세의 자리"는 회당에서 성경을 읽는 물리적 장소를 가리키는 것이다.

우리가 제2성전 시대에 이스라엘에 살고 있다면, 우리에게는 히브리어 성경도 없고, 서점이나 인터넷도 없을 것이다. 제2성전 시대의 유대인인 우리가 히브리어 성경을 어떻게 접할 수 있는가? 오직 한 가지 방법뿐이다. 우리는 회당에 가야 한다. 회당의 "모세의 자리"에서 히브리어 성경이 낭독된다. 이 해석을 지지하는 증거는 갈릴리 호수 북쪽의 고라신이라는 마을(우리 이스라엘성경대학에서 90분 거리)에서 발견할 수 있다. 약 4세기의 것으로 추정되는 고대 회당에서 고고학자들이 "모세의 자리"라 불리는, 회당 안에서 히브리어 성경을 크게 낭독하는 자리를 발견했다. 비록 거기에 새겨진 글은 후대의 것이지만, 이런 관습이 4세기에 갑자기 생겨나지는 않았을 것이라고 본다. 이것은 바르-일란 대학교(Bar-Ilan University)의 탈무드 학과에서도 인정한 것이다.[81]

예슈아가 이스라엘 사람들에게 서기관들과 바리새인들이 모세의 자리에서 읽을 때에 그들의 말을 들으라고 하신 것은 문자 그대로의 의미로 말씀하신 것이다. 그러면, 예슈아가 이스라엘 사람들이 낭독되는 성경 듣는 것을 중요하게 여긴 이유는 무엇인가? 예슈아는 성경이 전부 자신을 가리키고 있다

---

81) 바르-일란 대학교 탈무드 학과의 하난엘 맥(Hananel Mack) 교수는 그의 논문 "The Seat of Moses"에서 말하기를 신약 성경의 "모세의 자리"는 물리적인 자리를 가리키는 것으로 회당 안의 그 자리에서 성경이 낭독되었다고 했다. 그의 주장은 현대의 고고학적 발견과 고대의 랍비 주석인 *Pesikta de-Rab Kahana* 7b를 근거로 한 것이다.

는 것을 알고 계셨다. "모세를 믿었더라면 또 나를 믿었으리니 이는 그가 내게 대하여 기록하였음이라"(요 5:46). 회당 안에 있는 모세의 자리는 제2성전 시대의 유대인이 모세와 선지자들이 메시아에 관하여 증거한 것을 들을 수 있는 유일한 장소이다. "네 하나님 여호와께서 너희 가운데 네 형제 중에서 너를 위하여 나와 같은 선지자 하나를 일으키시리니 너희는 그의 말을 들을지니라"(신 18:15). **예슈아께서는 이스라엘 백성이 모세의 말을 듣기를 바라셨는데, 그 이유는 모세가 그분을 가리키고 있기 때문이다.**

앞서 우리가 주장하기를 예슈아가 실제로 우리에게 랍비들(바리새인들과 서기관들)의 말에 순종하라고 하셨다면, 그것은 그의 말과 모순되는 것이라고 했다. 같은 장(마 23장)에서, 주님은 바리새인들과 서기관들을 비난하면서, 그들을 "외식하는 자들"(13절), "지옥 자식들"(15절), "눈 먼 인도자"(16절), "맹인들"(17절), "외식과 불법이 가득"(28절)하며, "독사의 새끼들"(33절), 살인자들(35절)이라고 하셨다. 예슈아께서 정말로 우리에게 그들을 따르라고 하셨다고 생각하는가? 예슈아는 분명히 말씀하시기를, 그들이 하나님의 말씀보다 사람이 만든 전통을 존중하고 있다고 하셨다(마 15:9; 사 29:13 인용)! 예슈아께서 "서기관들과 바리새인들이 모세의 자리에 앉았으니 그러므로 무엇이든지 그들이 말하는 바는 행하고 지키되 **그들이 하는 행위들은 본받지 말라**"(마 23:2-3, 필자의 강조)고 하신 것은, 그들이 하나님의 이름으로 권위를 부여한, 사람이 만든 전통(나중에 구전 율법이라 불리는)을 말씀하신 것이다.[82]

마태복음 23장이 전체적으로 보여주는 것은, 예슈아는 사람이 만든 종교와 전통으로 하나님께 나아갈 수 있다는 생각을 반대하신다는 것이다. 또한, 만약 예슈아께서 우리에게 서기관들과 바리새인들에게 순종하라고 하셨다면, 우리는 더 큰 딜레마에 빠지게 된다. 왜냐하면 구전 율법이 예슈아의 가르침과 완전히 모순되기 때문이다. 탈무드는 예슈아가 거짓

---

[82] 행 23:2-5에 따르면, 산헤드린 공의회 의장인 대제사장 아나니아(주후 47-59년경)가 "바울의 입을 치라"(대제사장 안나스[주전 23년경-주후 40년경]의 아랫사람이 펼친 손으로 심문 받던 예수님의 뺨을 치거나[요 18:22] 얼굴에 침을 뱉으며 주먹으로 치는 것[마 26:67]과 유사한 경우)고 명할 때, 바울이 "회칠한 담(겔 13:10-12; 마 23:27)이여 하나님이 너를 치시리로다 네가 나를 율법대로 심판한다고 앉아서 율법을 어기고(레 19:15에 근거하여 '죄가 증명되기까지는 무죄로 추정한다'는 전통을 어기고 랍비 파파[Papa]의 아랫사람이 팔꿈치로 친 경우를 지적하는 탈무드 Shavuot 30b 참조) 나를 치라 하느냐"라고 대답했다. 이 때 곁에 선 사람들이 "하나님의 대제사장을 네가 욕하느냐"라고 질문했을 때, 바울이 "형제들아 나는 그가 대제사장인 줄 알지 못하였노라 기록하였으되(출 22:28 인용) '너의 백성의 관리를 비방하지 말라' 하였으니라"고 대답한 경우도 하나님의 기록된 말씀과 장로들의 전통(마 15:2-3, 6; 막 7:3, 5, 8-9, 13; 갈 1:14) 사이의 긴장 관계를 보여준다 - 역자 주.

선지자라고 가르치는 것만이 아니라, 그의 사후에 주술사를 통해서 그가 어떻게 되었는지를 묻자, 그가 지옥의 "끓는 배설물 속에서" 고통 받고 있다고 기록했다(탈무드 *Gittin* 57). 예슈아가 우리에게 그런 가르침을 조금이라도 믿으라고 한다는 것은 말도 안 되는 소리다!

육체 vs 영혼

예슈아께서 우리에게 삶의 방식으로서 사람의 전통에 순종하도록 명하셨다는 주장에는 또 다른 개념적인 문제가 있다. 예슈아는 매우 분명하게 말씀하셨다. "육으로 난 것은 육이요 영으로 난 것은 영이니… 살리는 것은 영이니 육(사람의 행위나 전통)은 무익하니라"(요 3:6; 6:63). 우리가 영으로 하나님을 예배하고 섬기게 되면, 우리는 사람이 만든 전통으로 하나님과 화해하거나 그분을 기쁘시게 해드릴 수 없다. "하나님은 영이시니 예배하는 자가 영과 진리로 예배"(요 4:24) 해야 하기 때문이다. 키파(종교적 유대인들이 머리에 쓰는 작고 둥근 모자 – 역자 주)를 쓰거나, 테필린(종교적 유대인들이 머리와 팔에 감는 기도용 성구함 – 역자 주)을 매거나, 육류와 우유를 분리해서 먹는 것(랍비식 코셔)이 잘못된 것은 아니지만, 그런 것들은 우리의 마음을 변화시키거나, 하나님을 기쁘시게 하거나, 우리가 다른 사람들을 사랑하는 데 도움이 되지 않는다. 현대 유대교는 랍비들의 전통을 행함으로 자기들이 하나님을 기쁘시게 하고 하나님 앞에 의롭게 여김을 받는다고 생각한다. 이런 생각은 하나님께서 정하신, 우리를 하나님 앞에 의롭게 만드는 예슈아의 자리를 그 전통으로 대치하는 것이다. 그러므로 유대인과 이방인을 포함한 모든 믿는 사람들에게 랍비들의 전통에 순종하라는 것은 우리 선조들의 믿음을 나타내는 것이 아니라, 우리의 메시아이신 예슈아를 거부하는 것이다.

믿는 자로서 사람이 만든 율법이나 랍비들의 전통을 따르는 것은 토라의 핵심에서 벗어나는 것만이 아니라, 믿는 자들과 믿지 않은 자들 모두를 혼란스럽게 하는 것이다. 우리는 사람의 전통을 따르는 것으로 "더 유대적인" 사람이 되거나 더 하나님께 가까이 나아갈 수 없다. 만약 그렇게 할 수 있다고 생각한다면, 그것은 랍비 유대교의 눈을 통하여 토라의 목적을 바라보는 것이고, 예슈아의 눈을 통해서 보는 것이 아니다. 이런 이유로 바울이 갈라디아의 유대인들과 이방인들에게 다음의 질문을 한 것이다. "너희가 이같이 어리석으냐 성령으로 시작하였다가 이제는 육체로 마치겠느냐?"(갈 3:3).[83] 갈라디아인들은 유대교의 현인들과 마찬가지로 율법의 목적을 이해하지 못했던 것이다.

구전 율법은 어디에서 온 것인가?

하나님이 구전 율법을 주셨다는 것은 근거 없는 이야기다. 하나님은 결코 시내산에서 모세에게 구전 율법을 주신 적이 없다. 그것은 100% 사람이 만든 것이며, 어떤 사람은 그것이 이스라엘이 오늘날까지 예슈아에 대하여 눈이 멀고 마음이 완악한 것의 중요한 부분이라고 말할 수 있을 것이다(롬 11:25). 사람들이 자신의 구원을 이루기 위하여 사람이 만든

---

83) 어떤 사람들은 갈라디아 교회들이 이방인들로만 이루어졌기 때문에 바울의 갈라디아 서신이 오직 이방인들을 대상으로 한 것이라고 말한다. 그러나 우리는 다음과 같은 세 가지 이유로 이것이 사실이 아니라고 믿는다. (1) 벧전 1:1에 의하면 분명 갈라디아 교회에 유대인들이 있었다. (2) 요세푸스(요세프 벤 마티탸후, 주후 37-100년)에 의하면 갈라디아 도시에 유대인들이 있었다. (3) 바울과 바나바는 "먼저는 유대인에게 그리고 헬라인에게"(롬 1:16) 복음을 전했다. 사도행전은 바울이 유대인들에게 복음을 전할 때에 항상 최소한 몇 사람이 부정적으로 반응한 것으로 기록하고 있다. 이고니움과 루스드라와 더베에서도 같은 일이 계속 되었다.

전통을 지키려고 하는 한, 그들은 자기들에게 구세주가 필요함을 깨닫지 못한다. 구전 율법은 예슈아를 믿는 것이 금지되고 지금 이때까지 이스라엘이 그분을 알지 못하게 된 주요 원인이었다. 그러나 하나님은 언제나 슬픔을 기쁨으로 바꾸시는 분이다! 비록 구전 율법이 지난 2천 년 동안 예슈아를 믿는 믿음을 반대하는 역할을 계속 해 왔지만, 그 동일한 구전 율법이 이스라엘을 구별된 민족으로 보존하는 역할도 했던 것이다. 이것은 이스라엘이 이집트에서 머물렀던 때와 비슷하다. 하나님은 이집트인들이 히브리인들을 가증히 여기는 것을 그들을 보호하고 양육하는 도구로 사용하셔서 그 민족이 번성하게 하시고 이집트인들과 동화되는 것을 막으셨다.[84]

이제 더 깊이 들어가 보자. 전에 말한 것처럼, 제2성전이 파괴된 후, 제사장직과 제단과 제사가 사라진 상태에서, 유대의 현인들은 그 권위를 유지하고 그것으로 유대 세계를 단결시킬 수 있는 방법을 절실히 찾았지만, 그들은 예슈아 없이 그것을 이루려고 했다. 그들은 성전과 그들이 거부한 메시아 없이 계속해서 그 기능을 하는 유대교가 필요했다. 즉, 그들

---

[84] 하나님은 쓴 것을 단 것으로 바꾸시지만, 우리는 이것을 우리가 먼저 유대인들에게 복음을 선포하라는 명령을 무시하는 변명으로 삼아서는 안 될 것이다.

은 유대인들에 대한 권위를 세워야 했는데, 그 방법은 랍비들의 전통을 새로운 율법으로 확립시키는 것이었다. 이 율법으로 지식이 뛰어난 랍비들은 이스라엘 백성의 모든 종교적 및 사회적인 영역에 대한 권위와 통제권을 얻은 반면, 그 시대의 다른 유대 전통들(사두개파, 메시아닉 등)은 사라지게 되었다. 이스라엘 사람들에게 이 '운영 방식'의 진실성을 납득시키기 위하여, 랍비들은 그 구전 율법이 실제로 시내산에서 모세에게 주어진 것이라고 주장했다. 예를 들어, 유대인 철학자인 마이모니데스(Maimonides)는 미쉬나 서문의 첫 부분(*Avot* 1:1)에서 주장하기를, 모세는 구전 율법 전체를 외우고 있었고, 그가 그것을 지혜자들과 모든 백성에게 전수해 주었다고 했다. 이것은 멋진 이야기처럼 들리지만, 사실 토라에는 모세 자신도 계명들에 관한 질문에 어떻게 답해야 하는지 알지 못했다는 기록이 네 번 나온다(레 24:12; 민 9:8; 15:34; 27:5). 모세는 그 각각의 경우마다 하나님께 여쭙고 그분의 대답을 기다렸다.

마이모니데스의 주장과 달리, 이것은 모세가 토라에 나오는 모든 성문 율법을 어떻게 행해야 하는가에 관한 온전하고 자세한 설명이 담긴 구전 율법을 받지 않았다는 것을 보여준다. 성경은 하나님께서 시내산에서 이스라엘 백성과 맺으신 언약이 오직 그분이 모세에게 기록하라고 명령하신 성문 율법에 기초한다는 것을 분명하게 보여주고 있다. 출애굽기 34:27에서 하나님은 모세에게 이렇게 명령하셨다. "너는 이 말들을 기록하라. 내가 이 말들을 따라서 너와 이스라엘과 언약을 세웠음이니라." 하나님은 여기서 다른 어떤 율법이나, 말로 전하여 내려왔다고 하는, 기록되지 않은 구전 율법에 대하여 말씀하지 않으셨다.

그러나 현인들은 구전 율법이 하나님께서 시내산에서 전수하신 것의 일부라고 주장한다. 그들은 출애굽기 34:27에 관한 새로운 데라쉬(주석 또는 해석)를 만들어 냈다. 랍비들은 하나님께서 "이 말들을 따라서"(히브리어로 '알-피'; 문자적으로 "…의 입에 따라서"란 뜻 - 역자 주)라고 말씀하실 때, 그것이 실제로는 "입에"(히브리어로 '레피'), 즉 구전 율법을 의미하신 것이라고 주장했다. 그런데 이 구전 율법에 관한 이론은, 우리가 이전에 아크나이의 화덕에 관한 논의에서 본 것처럼, 히브리어 문구를 의도적으로 왜곡한 해석에서 나온 것이다. 이 문구를 그 문맥 속에서 가장 자연스럽게 번역한 것은 "…을 따라서"이며, 이 번역은 토라의 다른 모든 곳에서 비슷하게 사용된 경우들(창 43:7; 레 27:18; 민 26:56; 신 17:10-11)을 통하여 확인된다. 이 해석은 기독교나 유대교에 관계없이, 모든 현대 영어 성경의 번역으로도 확인할 수 있다. "주께서 모세에게 말씀하셨다. 이 계명들을 기록하라. 내가 이 계명들을 따라 너와 및 이스라엘과 언약을 세울 것이다."[85]

그 책(탈무드)의 권위

탈무드는 확실히 인간의 지식과 지혜를 모아 놓은 인상적인 책이다. 그러나 구전 율법이 시내산에서 모세에게 주어졌다는 것에 대해서는 역사적 및 성경적 근거가 전혀 없다. 오히려 정반대다. 만약 하나님께서 모세에게 구전 율법을 주셨다면, 히브리어 성경 전체에 걸쳐서 그것이 나와야 한다. 그러나 하나님도 모세도 구전 율법이라는 말을 하신 적이 없고, 성경에서 그 증거를 찾을 수도 없다. 하나님께서 모세의 후계자로 세우신 여호수아 벤 눈(눈의 아들 여호수아 – 역자 주)조차도 기록되지 않은 율법에 대하여 말한 바가 없다. 하나님께서 여호수아에게 이렇게 말씀하셨다.

---

[85] *The New JPS Translation According to the Traditional Hebrew Text*, 1985.

> 이 율법책을 네 입에서 떠나지 말게 하며 주야로 그것을
> 묵상하여 그 안에 기록된 대로 다 지켜 행하라 그리하면
> 네 길이 평탄하게 될 것이며 네가 형통하리라
>
> 여호수아 1:8

하나님은 여호수아에게 율법책에 **기록된** 모든 것을 행하라고 말씀하셨지만, 모세가 여호수아에게 전해 준 구전 율법이라는 것에 대해서는 말씀하신 적이 없다. 이것은 학자 에스라와 히브리어 성경에 나오는 선지자들이나 왕들의 경우도 마찬가지다. 그 누구도 하나님이 주신 구전 율법이라는 용어나 그것의 존재를 암시하는 말을 한 적이 없다. 만약 구전 율법이 실제로 존재했다면, 그것은 하나님과 이스라엘이 맺은 언약에 속한 것이 아니다. 성경의 저자들 가운데 누구도 어떤 종류의 구전 율법에 관심을 갖거나 그것을 알거나 그것에 순종하려고 하지 않았다. 즉, 히브리어 성경의 실제 기록에 의하면, 시내산에서 하나님이 모세에게 주셨다는 구전 율법은 애초에 존재하지도 않았다. 구전 율법이라는 용어가 실제로 처음 등장한 것은 모세의 시대로부터 약 1,500년 후이다!

흥미로운 것은, 쿰란(사해) 문서들과 유대교의 외경(주전 200-100년)에 하나님이 주셨다는 구전 율법에 대한 언급이

전혀 없고, 그 존재를 나타내는 내용조차 없다는 것이다. 고레스 실린더(Cyrus Cylinder, 주전 6세기)는 바벨론으로 끌려간 유대인들과 그들의 삶에 대한 기록을 담고 있는데, 거기에는 하나님이 주신 "구전 율법"의 존재에 대하여 일절 언급이 없고, 오히려 실제로는 다른 것을 말하고 있다. 고레스 실린더에 관한 뛰어난 권위자인 어빙 핀켈(Irving Finkel)에 의하면, 유대인의 정체성은 오직 내면적인 것일 뿐이고, 겉으로 드러나는 종교적 특징은 없었다. 또 다른 확실한 증거는 에티오피아에서 발견된다. 그들의 전승에 의하면, 에티오피아의 유대인들은 수천 년의 유배 생활 끝에 이스라엘로 돌아갔는데, 그들은 에티오피아에서 비교적 고립되어 있었다. 이 에티오피아계 유대인들은 랍비들의 권위를 인정하지 않았다. 그들은 랍비들의 전통을 인정하지 않았고, 랍비들이 만든 구전 율법에 대하여 전혀 들어보지 못했다. **구전 율법은 시내산에서 모세에게 주어진 적이 없었다. 그것은 유대교의 현인들이 성전과 그들이 거부한 메시아 없이, 그들의 독점적인 권위 아래에서 유대교가 계속 존재할 수 있게 하기 위하여 만들어 낸 것이었다.**

이 문제는 사람이 만든 전통 위에 자신의 정체성을 확립하려고 하는 모든 믿는 자들에게 영향을 미친다. 정체성은 행위나 전통에 기초해서는 안 된다. 우리가 유대인이든 이방인이든, 믿는 자로서 우리의 정체성은 반드시 예슈아 위에 세워져야 한다(빌 3:20). 전통 그 자체가 문제는 아니지만, 그것이 우리가 주님과 동행하는 길에서 가장 중요한 것이 되어서는 안 된다(빌 3:4-8을 보라).

지금쯤이면 독자들은 "토라를 준수하는 사람"은 없다는 것을 깨달았을 것이다. 왜냐하면 우리가 계명들을 지키려고 해도, 그 대부분은 지키는 것이 불가능하기 때문이다. 사람들이 지키려고 선택한 계명들은 그 대부분은 무시한 채 그들에게 좋은 것들만 골라낸 것이고, 단지 몇 개만을 지킬 뿐이다. 어떤 사람이 자신이 토라를 준수하는 사람이라고 말하면, 임의로 몇 개의 계명을 골라서 그가 진짜로 그것들을 지키는지 그렇지 않은지 시험해 보라. 예를 들면, 로라 박사에게 편지를 보낸 사람처럼 이런 질문을 할 수 있을 것이다.

- 당신은 레위기 3:17 말씀대로 동물성 기름이 전혀 포함되지 않은 식사를 합니까?
- 당신은 레위기 20:9 말씀대로 당신의 자녀가 당신을 저주하면 돌로 쳐서 죽입니까?
- 당신은 레위기 19:27 말씀대로 당신의 얼굴의 털을 밀

지 않습니까?
- 당신은 레위기 20:13 말씀대로 동성애자들을 죽이는 것을 지지합니까?
- 당신은 출애굽기 35:3 말씀대로 샤밧(안식일)에 차를 운전하거나, 고기를 굽거나, 전등을 켜거나, 겨울에 보일러를 트는 일을 하지 않습니까?
- 당신은 신명기 22:11 말씀대로 오직 한 종류의 섬유로 된 옷만 입습니까?
- 당신은 레위기 19:23-25 말씀대로 다섯째 해가 되기 전에 생산된 과일은 마트에서 구입하지 않습니까?

이것은 수백 개의 시내산 계명 가운데 일곱 개를 예로 든 것이다. 그리고 만약 우리가 예슈아를 믿는 사람으로서 여전히 시내산 언약 아래에 있다면, 우리는 단지 몇 개의 계명만 지켜서는 안 되고, 모든 계명을 지켜야 한다. 왜냐하면 "누구든지 온 율법을 지키다가 그 하나를 범하면 모두 범한 자가 되"기 때문이다(약 2:10).

히브리 뿌리 운동을 하는 사람들 가운데 일부는 예슈아를 믿는 사람들이 율법을 지킬 의무가 있다고 주장하면서 그것을 뒷받침하는 구절로 요한복음 14:15를 든다. "너희가 나를 사랑하면 나의 계명을 지키리라"(요 14:15, 14:21, 23-24를 보라). 그런데 이 구절의 앞뒤 문맥을 보면 "나의 계명"이 율법이라는 근거를 전혀 찾아볼 수 없다. 성경 해석은 문맥에 크게 의존하는데, 이 구절도 바로 앞뒤에 나오는 문맥이 예슈아께서 말씀하신 그 계명이 무엇인지를 분명하게 보여주고 있다. "내 계명은 이것이니 내가 너희를 사랑한 것 같이 너희도 서로 사랑하라… 내가 이것을 너희에게 명함은 너희로 서로 사랑하게 하려 함이라"(요 15:12, 17).[86]

---

86) 인접한 문맥에 있는 예슈아께서 주신 다른 계명들에는 요 14:1, 11, 27; 15:4, 7, 9; 16:24가 포함된다.

12

메시아닉 유대인의 정체성

우리가 토라의 목표와 구전 율법의 유래에 대하여 알고 있는 것을 설명했으므로, 매우 중요한 질문 하나가 남아 있다. 교회 안에 메시아닉 유대인의 뚜렷한 정체성이 필요한가? 이 질문에 예라고 대답한다면, 두 가지 질문이 따라오게 된다. 첫째, 율법은 메시아닉 유대인의 정체성과 어떤 관련이 있는가? 둘째, 우리 민족(유대인 - 역자 주)의 전승은 메시아닉 유대인의 정체성과 어떤 관련이 있는가? 이 질문들에 대한 전반적인 대답은 여러 권의 책으로도 부족할 것이다. 하지만 동시에 이 질문들은 답을 필요로 한다.

이스라엘은 버려졌는가?

"이스라엘"은 성경에서 가장 통합적인 주제들 가운데 하나로, 성경에 2,500번 이상 언급된다. 이스라엘은 확실히 하나님께 중요한 주제다. 타나크는 이스라엘이 계속해서 존재할 것을 보장하고 있고,[87] 신약 성경은 하나님께서 이스라엘에 관한 그분의 약속을 지키시려는 열심을 분명하게 말하고 있다.[88] 하나님이 이 세상에 예슈아를 보내신 것은 유대인들의 뚜렷한 정체성을 없애려는 것이 아니라, "조상들에게 주신 약속들을 견고하게" 하시려는 것이다(롬 15:8).

이스라엘이 계속해서 존재하는 것은 확실한 일이다. 그뿐만 아니라, 물리적으로 확인 가능한, 예슈아를 믿는 유대인의 남은 자들이 신학적으로 반드시 존재해야 한다. 바울은 로마서 11:1-6에서 이것을 매우 확실하게 밝혔다.

---

[87] "여호와께서 이와 같이 말씀하셨느니라. 그는 해를 낮의 빛으로 주셨고, 달과 별들을 밤의 빛으로 정하였고, 바다를 뒤흔들어 그 파도로 소리치게 하나니, 그의 이름은 만군의 여호와니라. '이 법도가 내 앞에서 폐할진대 이스라엘 자손도 내 앞에서 끊어져 영원히 나라가 되지 못하리라.' 여호와의 말씀이니라"(렘 31:35-36).
[88] "복음으로 하면 그들이 너희로 말미암아 원수 된 자요, 택하심으로 하면 조상들로 말미암아 사랑을 입은 자라. 하나님의 은사와 부르심에는 후회하심이 없느니라"(롬 11:28-29).

¹그러므로 내가 말하노니 하나님이 자기 백성을 버리셨느냐 그럴 수 없느니라 나도 이스라엘인이요 아브라함의 씨에서 난 자요 베냐민 지파라

²하나님이 그 미리 아신 자기 백성을 버리지 아니하셨나니 너희가 성경이 엘리야를 가리켜 말한 것을 알지 못하느냐 그가 이스라엘을 하나님께 고발하되

³주여 그들이 주의 선지자들을 죽였으며 주의 제단들을 헐어 버렸고 나만 남았는데 내 목숨도 찾나이다 하니

⁴그에게 하신 대답이 무엇이냐 내가 나를 위하여 바알에게 무릎을 꿇지 아니한 사람 칠천 명을 남겨 두었다 하셨으니

⁵그런즉 이와 같이 지금도 은혜로 택하심을 따라 남은 자가 있느니라

⁶만일 은혜로 된 것이면 행위로 말미암지 않음이니 그렇지 않으면 은혜가 은혜 되지 못하느니라

로마서 11:1-6

바울은 자신에게 반감을 일으키는 질문을 던졌다. "그러므로 내가 말하노니 하나님이 자기 백성을 버리셨느냐? 그럴 수 없느니라!" 하나님이 어떻게 이스라엘을 버리실 수 있는가? 바울에게 있어서 그것은 하나님께서 그분의 속성을 버리시는

것과 같다. 왜냐하면 "하나님의 은사와 부르심에는 후회하심이 없느니라"(롬 11:29)고 하셨기 때문이다. 그러나 하나님께서 이스라엘을 버리지 않으셨다는 것에 대하여 바울은 어떤 증거를 제시할 수 있는가? 이것은 특히 그의 시대에 너무나 많은 이스라엘 사람들이 하나님과 그분의 메시아를 버렸기 때문이다. 바울은 그것에 대하여 세 개의 증거를 제시했다.

그 첫째는 자기 자신이다. "나도 이스라엘인이요 아브라함의 씨에서 난 자요 베냐민 지파라." 하나님께서 이스라엘 사람인 바울을 여전히 받아 주신다면, 분명 하나님은 이스라엘을 버리지 않으신 것이다.

둘째로, 바울은 성경에 호소했다. "너희가 성경이 말한 것을 알지 못하느냐?" 바울의 요지는 간단하다. 만약 그리스도인들이 하나님께서 이스라엘을 버리셨다는 결론에 도달했다면, 그들은 분명 성경을 모르는 것이다.

셋째로, 바울은 하나님께서 이스라엘을 버리지 않으셨다는 증거로 예슈아를 믿는 유대인들의 남은 자를 가리켰다. "그런즉 이와 같이 지금도 은혜로 택하심을 따라 남은 자가 있느니라"(롬 11:5). 예슈아를 믿는 유대인들이 존재하는 한, 하나님께서 이스라엘을 버리지 않으셨다는 것을 보여주는 실질적인 증거가 있는 것이다. 예슈아를 믿는 유대인들의 남은 자가 계속해서 실제적으로 존재한다는 것은 하나님의 온전한 신실하심을 보여주는 필수적인 요소다.

유대인은 누구인가?

우리가 메시아닉 유대인에 관한 정의를 내리기 전에, 우리는 먼저 유대인에 관한 정의를 내려야 한다. 이 질문에 대한 대답은 율법에 구속되지 않는다. 왜냐하면 이스라엘에 있는 유대인들을 포함하여 전 세계의 대부분의 유대인들은 신앙이 없기 때문이다. 즉, 그들은 성전이 없어도 여전히 지키는 것이 가능한 일부 율법들을 지키지 않는다. 무엇이 세속적인 유대인을 유대인으로 만드는가? 그 대답은 쉽다. 혈통 때문이다. 유대인은 아브라함과 이삭과 야곱의 육체적 자손이다.[89] 그러므로, 누구든지 아브라함과 이삭과 야곱의 육체적 자손

---

[89] 토라가 한 이스라엘 여인의 아들의 정체성에 대하여 일부 양면성을 보이지만(레 24:11을 보라), 랍비 유대교는 어머니를 통하여 유대인의 정체성을 찾는다. 홀로코스트 동안에는, 조부모 가운데 한 사람이라도 유대인이면 그는 나머지 유대인들과 마찬가지로 죽임당하기에 충분한 유대인으로 간주되었다. 그래서 현대 이스라엘 정부는 귀환법에서 어떤 사람의 조부모 가운데 한 명이라도 유대인이면 그에게 시민권 취득을 허가하고 있다.

이면서 예슈아를 믿는 사람은 바울이 증언한 남은 자에 속한다(즉, 메시아닉 유대인이다).

율법과 유대인들의 전통을 따르는 것이 예슈아를 믿는 유대인을 더 유대인답게 만드는가? 이것은 다른 질문으로 대답할 수 있을 것이다. 중국 음식을 먹는 것이 중국인을 더욱 중국인답게 만드는가? 그 대답은 분명 "아니요"이다! 율법과 유대인들의 전통을 지키는 것이 믿는 유대인을 더 유대인답게 만들지 않는다. 예슈아를 믿는 유대인이 유대인인 이유는 그의 육체적 조상 때문이며, 이 육체적 유산과 정체성이 교회에게 하나님께서 이스라엘을 버리지 않으셨다는 실질적인 증거를 제공한다.

이 책의 독자들은 우리의 주장을 우리가 의도한 것 이상으로 쉽게 발전시킬 수 있을 것이다. 우리(저자들)는 유대인이다. 우리는 토요일에 예배를 드리고, 성경의 절기들을 기념하며, 샤밧의 카발라[90]를 누리고, 우리 메시아닉들의 모임에서 쉐마[91]를 암송한다. 그리고 우리는 우리의 자녀들이 우리 민족, 이스라엘의 일부라는 것을 알고 자라게 한다. 우리가 이

---

90) 샤밧을 맞이하는 전통적인 금요일 저녁의 의식과 식사.
91) "이스라엘아 들으라 우리 하나님 여호와는 오직 유일한 여호와이시니"(신 6:4).

런 일을 하는 이유를 설명하는 것이 중요하다. 우리가 절기들이나 우리 민족의 일부 전통을 지키는 것은 시내산 언약이나 랍비들에 대한 의무 때문이 아니다.

메시아닉 유대인의 정체성과 율법과 전통

우리가 본 것처럼, 히브리서는 새 언약이 **새로운** 언약이며, **갱신된** 언약이 아니라고 분명하게 말하고 있다. 어떤 사람들은 신명기 30:6의 할례 받은 마음을 통하여 하나님이 우리에게 시내산 언약을 지킬 수 있게 하신다고 주장한다. 이와 비슷하게, 다른 사람들은 예레미야서의 새 언약이, 하나님께서 시내산 언약의 율법을 그분의 백성의 마음에 기록하시는 **갱신된** 언약이라고 주장한다. 우리가 이런 결론에 문제가 있다고 생각하는 몇 가지 이유가 있다.

첫째, 모세는 이 장래의 "계명"을 이전의 것과 대비시키기 위하여 신명기 30장에서 의도적으로 이스라엘이 시내산에서 경험한 것을 암시하고 있다.

[11]내가 오늘 네게 명령한 이 명령은 네게 어려운 것도 아니요

먼 것도 아니라

¹²하늘에 있는 것이 아니니 네가 이르기를 누가 우리를 위하여 하늘에 올라가 그의 명령을 우리에게로 가지고 와서 우리에게 들려 행하게 하랴 할 것이 아니요

¹³이것이 바다 밖에 있는 것이 아니니 네가 이르기를 누가 우리를 위하여 바다를 건너가서 그의 명령을 우리에게로 가지고 와서 우리에게 들려 행하게 하랴 할 것도 아니라

¹⁴오직 그 말씀이 네게 매우 가까워서 네 입에 있으며 네 마음에 있은즉 네가 이를 행할 수 있느니라

신명기 30:11-14

"누가 하늘에 올라가"는 모세가 십계명을 받기 위하여 시내산에 올라간 것을 암시한다. "누가 바다를 건너가서"는 모세가 율법을 받기 위하여 이스라엘을 이끌고 홍해를 건넌 것을 암시한다. "우리에게 들려 행하게 하랴"는 이스라엘이 시내산에서 율법을 지키겠다고 맹세한 것에 대한 암시가 확실하다(출 24:7). "그것이 먼 것도 아니라"는 모세가 계명을 받으러 시내산에 올라갔을 때에 백성이 멀리 서 있던 것을 암시한다(출 20:18, 21; 24:1). 즉, 위 본문은 시내산의 계명과 완전히 다른 한 계명(언약)을 바라보고 있다. 그 계명은 시내산

에서 받은 돌 위에 새겨진 계명과 달리, (네 입과 네 마음에) 내면화, 즉 할례 받은 마음에 기록될 것이다(신 30:6).

놀랍게도 고대 유대인들이 이 구절들을 아람어로 의역한 것을 보면, 그들은 이것을 모세와 같은 선지자가 오는 것으로 이해했다(신 18:15, 18-19; 34:10에서 말하는 것). "토라는 하늘에 있는 것이 아니니, 말하기를, '우리에게 모세와 같은 선지자가 있어서, 그가 하늘로 올라가 우리를 위하여 그것을 가지고 오기를, 그가 우리에게 그 계명들을 듣게 하여 우리가 그것을 행하게 하기를'"(신 30:12; 탈굼 네오피티, 영어 번역, 어코던스 바이블 소프트웨어). 바울도 마찬가지로 이 구절들을 인용하여 이 계명(메시아 예슈아를 믿음으로 인한 의)과 율법을 통하여 오는 의를 대비시키고 있다(롬 10:4-10). 바울의 신명기 30장에 대한 해석은 이 사도가 그것을 시내산 언약의 갱신이 아니라, 완전히 다른 언약으로 이해하고 있다는 것을 분명하게 보여준다.

둘째, "내가 나의 법을 그들의 속에 두며"(렘 31:33)에서 "법"을 토라를 가리키는 것으로 읽고, 예레미야의 새 언약이 갱신된 언약이라고 주장하는 사람들은, "이 언약은 내가 그들의 조상들과 맺은 언약과 같지 않다"(렘 31:32)는 선지자의 명확한 말씀과, "새 언약이라 말씀하셨으매 첫 것은 낡아지게 하신 것이니"(히 8:13)라는 히브리서의 확실한 가르침과 씨름해야 할 것이다.

예슈아의 제사장의 직무는 새로운 언약, 완전히 새로운 언약을 필요로 한다. 그것은 하늘의 성전에서 부정함과 죄악을 온전히 제거하는 참되고 영원한 정결함을 주는 언약으로, 시내산 언약 아래에서는 절대 불가능한 것이다.

우리가 율법과 우리의 전통과 밀접한 삶을 살아가는 첫 번째 이유는, 우리가 예슈아를 믿는 유대인들로서, 율법과 전통이 우리의 문화와 사회의 매일의 삶을 형성하는 이스라엘 땅에서 우리 민족과 함께 살고 있기 때문이다. 밀접한 삶을 산다는 것은, 우리가 우리의 전통과 밀접하게 맞물려 있으면서, 때로는 성경에 반대되는 전통을 거부해야 한다는 것을 의미한다. 동시에 우리는 사도 바울이 누누이 말한, "내가 이스라엘 백성이나 우리 조상의 관습을 배척한 일이 없다"(행 28:17, 행 25:8, 10을 보라)는 그의 증언을 기억한다. 바울이 주장한 것처럼, 메시아께서 "조상들에게 주신 약속들을 견고하게 하시려고 하나님의 진실하심을 위하여 할례의 추종자(종)가 되셨다"(롬 15:8). 우리는 우리 조상들에게 주신 약속들을 견고하게 하기 위하여 우리 민족 가운데 종으로서 살아간다.

우리가 율법과 우리의 전통과 밀접한 삶을 살아가는 두 번째 이유는, 우리 민족에게 메시아 예슈아께서 실제로 계신 것과, 그들이 그분을 이해하게 하기 위함이다. 우리 민족은 크리스마스 트리와 부활절 계란으로는 예슈아가 어떤 분인지 이해할 수 없을 것이다. 그러나 그들은 샤밧의 안식과 유월절의 구속과 대속죄일의 엄숙함과 촛대의 불빛의 아름다움을 중요하게 생각한다. 이런 배경 속에서, 예슈아는 더 이상 이집트 사람으로 변장한 요셉과 같은 모습이 아니라, 우리의 형제로서 자신을 드러낸 요셉처럼 보이게 될 것이다.

하나님의 절기들은 메시아 예슈아를 가리키는 것만이 아니라, 많은 절기들과 명절들이 하나님께서 우리 백성을 어떻게 돌보셨는지를 실제적으로 보여주고 있다. 유월절은 우리의 독립일이다. 샤밧은 우리가 더 이상 이집트의 노예가 아니라는 것을 깨닫게 한다. 부림은 이 세상의 하만과 같은 자들이 하나님의 백성을 이기지 못할 것을 일깨워준다. 우리가 유대인으로서 절기와 명절을 지키는 것은 하나님께서 이전에 우리 백성에게 행하신 선을 기억하려는 것이다. 또한 우리는 장래에 하나님께서 우리 백성에게 행하실 일에 대한 표징으로서 이 날들을 기념한다.

모든 메시아닉 유대인들이 단 한 가지 정체성을 가질 수는 없다. 각각의 믿는 유대인들은 주님 앞에 살면서, 동시에 죽어가는 세상에게, 유대인과 이방인 모두에게 예슈아가 메시아라는 것을 전하는 믿음을 살아내야 한다. 사실 메시아닉 유대인들의 세계는 전체 유대인들의 세계의 축소판으로, 그 모든 복잡한 다양성을 가지고 있다. 하나님께서 우리에게 은혜와 지혜를 주셔서 우리 민족과 지켜보는 세상에 메시아의 빛을 발할 길을 찾게 하소서!

결론 및 마지막 과제

Complete Jewish Bible은 로마서 10:4를 "토라가 가리키는 목표는 메시아니, 그는 모든 믿는 자에게 의를 주신다"라고 번역했다. 우리는 다양한 각도에서 토라를 살펴봄으로 그것의 신학이 철저히 메시아적이며 분명하게 새 언약을 가리키고 있다는 것을 알았다. 우리는 토라의 이야기가 이미 시내산 언약이 깨질 것을 내다보았고, 천둥이 치는 산을 넘어서 "마지막 날들에" 오실 메시아를 통한 영광스러운 복의 약속을 내다보고 있다는 것을 보았다. 토라의 목표가 우리를 시내산의 깨진 언약을 **통과하여** 마지막 날들의 메시아**에게로** 인도하기 때문에, 우리는 일반적으로 이해하고 있는 "토라의 준수"에 대하여 다시 정의해야만 했다. 오늘날 믿는 사람들에게 진정으로 토라를 준수하는 것은 율법(또는 구전 율법)의 권위 아래 사는 것이 아니라, 예슈아를 믿는 것이다. 우리가 모세를 믿으면, 우리는 틀림없이 예슈아를 믿게 될 것이기 때문이다(요 5:46). 우리는 또한 율법, 즉 시내산 언약의 계명을 살펴보았고, 그것이 계속해서 영감으로 기록된 성경의 역할을 한다고 주장했다. 율법은 우리에게 불리하게 증언하고, 우리가 예슈아를 보게 하며, 하나님에 대하여 가르치고, 우리에게 지혜와 명철을 주며, 예슈아와 그분의 행하심에 대하여 더 깊이 이해하게 하고, 우리에게 하나님과 우리의 이웃을 사랑할 것을 요구한다. **우리는 메시아 예슈아의 제자들이 하나님을 믿고 사람들을 사랑함으로 율법의 요구를 이행한, 진정한 모세의 제자들이라는 것을 보았다**(요일 3:23).

마지막으로 우리가 독자들에게 요구하는 것은 이것이다. 율법과 전통이 아닌, 예슈아에 대하여 열심을 내라! 왜 그래야만 하는가? 거기에는 두 가지 이유가 있다. 첫째, 모세가 토라를 기록한 것은 우리를 예슈아와 새 언약으로 이끌기 위해서였다. "모세는 장래에 말할 것을 증언하기 위하여 하나님의 온 집에서 종으로서 신실하였고"(히 3:5). 둘째, 지속적인 변화는 율법이나 전통이 아니라, 오직 예슈아를 통해서 이루어지기 때문이다. 예슈아의 계명은 외적인 것만을 다루지 않는다. 그 계명은 우리의 마음 속 깊은 곳으로 들어와서 성령님이 주시는 힘을 통하여 내면으로부터의 변화를 일으킨다.

예슈아께서 함께 하시면, 살인은 사람을 죽이는 행위만이 아니라, 마음의 문제까지 해당되며, 음행은 몸의 결합에 국한되지 않고, 마음의 영역까지 해당된다. 예슈아는 그분의 영을 통하여 우리에게 분노를 제어하고, 음욕을 멀리하며, 원수를 사랑하라고 말씀하시고 힘을 주실 것이다. 이 모든 것은 외부의 도움 없이는 불가능할 것이다. 우리가 보았듯이, 전통을 따르거나 외적인 일에 대하여 무엇을 어떻게 행하라(또는 무엇을 행하지 말라)는 것에 집중하는 것은 우리가 주변 사람들로 인하여 마음의 상처를 받게 하고, 우리에게 동의하지 않는 사람들에게 등을 돌리게 만들 뿐이다.

우리가 계속해서 토라의 풍요로움을 묵상하면서, 우리가 다윗처럼 그것의 가르침을 "금보다, 순금보다도" 더 갈망하게 되기를 원한다. 그것이 우리에게 "꿀과 송이꿀보다 더 단"(시 19:10) 것이 되기를 원한다. 우리가 토라를 읽을 때에 우리의 눈이 열려서 그 놀라운 이야기를 보게 되기를 원한다. 그 이야기의 목표는 인류가 잃어버린 복을 예슈아를 통하여 회복하는 것이다. 그분은 메시아-왕으로, 그분의 새 언약이 우리를 자유하게 하여, "우리가 서로 사랑의 빚 외에는 아무에게 아무 빚도 지지 않게 하나니, 이는 남을 사랑하는 자는 율법을 다 이루었기 때문이다"(롬 13:8).

이 책을 통하여 은혜를 받으셨다면,
온라인 서점에 리뷰를 남겨주시기 바랍니다.

참고 문헌 및 추천 도서

Alexander, Desmond T. *From Paradise to the Promised Land: An Introduction to the Pentateuch*, 3rd ed. Grand Rapids: Baker, 2012. 제2판을 대본으로 한 정효제 역, 『주제별로 본 모세오경』, 안양: 대한신학대학원대학교, 2009.

Bahnsen, Greg L., ed. *Five Views on Law and Gospel*. Grand Rapids: Zondervan, 1996.

Brown, Michael L. *Answering Jewish Objections to Jesus*. Vol. 5. San Francisco, CA: Purple Pomegranate Productions, 2009.

Clements, R. E. *God and Temple*. Oxford: Basil Blackwell, 1965.

Copan, Paul. *Is God a Moral Monster? Making Sense of the Old Testament God*. Grand Rapids: Baker, 2011. 이신열 역, 『구약 윤리학: 구약의 하나님은 윤리적인가』, 서울: 기독교문서선교회, 2017.

Dempster, Stephen G. *Dominion and Dynasty: A Theology*

of the Hebrew Bible. Downers Grove, IL: InterVarsity Press, 2003. 박성창 역, 『하나님 나라 관점으로 읽는 구약신학』, 서울: 부흥과 개혁사, 2012.

Gruber, Daniel. *Rabbi Akiba's Messiah: The Origins of Rabbinic Authority*. Hanover, NH: Elijah, 1999.

Guthrie, George H. *Hebrews*. NIV Application Commentary. Grand Rapids: Zondervan, 1998. 채천석 역, 『히브리서 - NIV 적용주석』, 서울: 솔로몬, 2015.

Kaiser, Walter C., Jr. *The Messiah in the Old Testament*. Grand Rapids: Zondervan, 1995. 류근상 역, 『구약에 나타난 메시아』, 서울: 크리스찬출판사, 2008.

Keil, C. F., and F. Delitzsch. "Ezekiel, Daniel." Vol. 9 of *Commentary on the Old Testament*. Peabody, MA: Hendrickson, 1996. 송준섭 역, 『카일 델리취 성경 구약 주석 - 22 에스겔, 23 다니엘』, 서울: 기독교문화사, 2012.

Meyer, Jason C. *The End of the Law: Mosaic Covenant in Pauline Theology*. Nashville: B&H, 2009.

Morales, L. Michael. *Tabernacle Prefigured: Cosmic Mountain Ideology in Genesis and in Exodus*. Leuven: Peeters,

2012.

Postell, Seth D. *Adam as Israel*. Eugene, OR: Pickwick, 2011.

Rydelnik, Michael. *The Messianic Hope: Is the Hebrew Bible Really Messianic?* Nashville: B&H, 2010.

Rydelnik, Michael, ed. *The Moody Handbook of Messianic Prophecy*. Chicago: Moody, 2019.

Sailhamer, John H. *The Pentateuch as Narrative: A Biblical-Theological Commentary*. Grand Rapids: Zondervan, 1992. 김동진·정충하 공역, 『'서술'로서의 모세오경 상·하』, 서울: 크리스챤서적, 2005.

_____. *The Meaning of the Pentateuch: Revelation, Composition and Interpretation*. Downers Grove, IL: InterVarsity Press, 2009. 김윤희 역, 『모세 오경 신학: 오경의 계시와 구성, 해석과 의미들』, 서울: 새물결플러스, 2013.

Satterthwaite, Philip E., Richard S. Hess, and Gordon J. Wenham, eds. *The Lord's Anointed: Interpretation of Old Testament Messianic Texts*. Eugene, OR: Wipf & Stock, 1995.

Schreiner, Thomas R. 40 *Questions About Christians and*

Biblical Law. Grand Rapids: Kregel, 2010.

_____. *The Law and Its Fulfillment: A Pauline Theology of Law*. Grand Rapids: Baker, 1993. 배용덕 역.『바울과 율법』. 서울: CLC, 1997.

Thompson, Alden. *Who's Afraid of the Old Testament God?* Grand Rapids: Zondervan, 1988.

Todd, James M. III. *Sinai and the Saints: Reading Old Covenant Laws for the New Covenant Community*. Downers Grove, IL: IVP Academic, 2017.

Van Seters, John. "Author or Redactor?," *Journal of Hebrew Scriptures* 7, no. 9 (2007): 1-23.

_____. *The Edited Bible: The Curious History of the "Editor" in Biblical Criticism*. Winona Lake, IN: Eisenbrauns, 2006.

Westerholm, Stephen. *Perspectives Old and New on Paul: The "Lutheran" Paul and His Critics*. Grand Rapids: Wm. B. Eerdmans, 2004.

Zahn, Theodor. *Die Anbetung Jesu im Zeitalter der Apostel*. Leipzig: A. Deichert, 1910.

모세를 읽으며 예수님을 보다

초판 1쇄 발행 2020년 9월 24일
초판 3쇄 발행 2024년 8월 16일

지은이 셋 D. 포스텔, 에이탄 바르, 에레즈 쪼레프
옮긴이 김진섭
펴낸이 이상준
펴낸곳 이스트윈드
등록   제2014-000067호
주소   서울시 서초구 서초대로54길 39 지하
홈페이지   버드나무 아래 birdnamoo.com
페이스북   facebook.com/eastwindwall

값 13,000원
ISBN 979-11-88607-05-1   03230

이 책의 한국어판 저작권은 이스트윈드에 있습니다.
저작권법에 따라 보호 받는 저작물이므로 무단 전재와 복제를 금합니다.